# ESSAI

## *HISTORIQUE*

# SUR LES EAUX

## DE LUXEUIL.

---

*Ex balneis naturalibus quædam funt nitrofa, quædam falfa, quædam aluminofa, aliqua bituminofa, aliqua fulfurulenta, aliqua ferri, aliqua aëris qualitatem habent. . . . . At fulfurulenta & nervas molliunt, & tenafmi dolores mitigant. Verùm ftomacum exolvunt ac fubvertunt ; purgant autèm cutem, & proptereà conferunt vitiligini albæ ac nigræ, & præ fcabici, pupetigini, & ulceribus antiquis, articulorum fluxionibus, fpleni indurato, hepatique ac utero, refolutio afcendicum morbo & pruritui.*

*Aĉtius tetrabili fermo tertius,* Caput. ccxvij.

---

## *A PARIS,*

De l'Imprimerie de Vincent, rue des Mathurins, hôtel de Clugny.

---

# M DCC LXXIII.

*Avec Approbation, & Privilége du Roi.*

# EPITRE

## A MONSEIGNEUR

# DE LA CORÉ,

Chevalier, Conseiller du Roi en
ses Conseils, Maître des Requêtes honoraire de son Hôtel, Intendant du Comté de
Bourgogne, & premier Prési-
dent du bureau des Finances
de ladite province.

# MONSEIGNEUR,

*Un Ouvrage sur les eaux de
Luxeuil, ne pouvoit paroître sous*

d'autre nom que sous celui du restaurateur de ces eaux ; c'est à vos soins bienfaisans & à la protection singuliere que vous leur avez accordée, qu'est dû leur rétablissement, & même la célébrité dont elles jouissent aujourd'hui. Mes concitoyens en ont gravé le souvenir sur le marbre (a), pour transmettre à leurs neveux leur reconnoissance. Je partage avec eux ce sentiment ; si je ne puis me flatter d'y élever ici un monument aussi durable, je pourrai du moins en répandre plus au loin l'aveu. Ce seroit ici l'occasion de retracer à toute la France, les vertus, les qualités, les talens supérieurs que nous remarquons tous les jours

(a) *Voyez* l'inscription rapportée, *page* 12.

*en vous. Mais je ne pourrois qu'en affoiblir l'éloge ; il eſt bien mieux conſigné qu'il ne le ſeroit ici dans les ſuffrages réitérés de la Cour (a), dans votre nomination à la place de premier préſident du bureau des Finances de cette province ; enfin dans les cœurs de tous les Francs-Comtois, & en particulier, de mes concitoyens.*

*Je ſuis avec un profond reſpect,*

## MONSEIGNEUR,

Votre très - humble &
très-obéiſſant ſerviteur
FABERT.

(a) M. de la CORÉ a été nommé ſucceſſivement Intendant de Montauban, de Beſançon.

# LETTRE
## *DE M. LE VEILLAR*
## A M. PRINET.

VOICI l'analyfe que vous m'aviez confiée, Monfieur; elle e certainement faite par un homme d mérite, & qui a beaucoup de con noiffances en chimie : j'ai pris la libert de mettre en marge quelques petite obfervations, dans lefquelles il eft très poffible que je me fois trompé; & j vous prie de bien affurer l'auteur d cet ouvrage, que je n'y attache aucun prétention, & que je trouverai très bon qu'il n'y ait aucun égard, s'il n les trouve pas juftes.

Je ne puis vous envoyer une analyf des eaux de Livelt, comme je vous l'avois promis; je croyois en avoir encore, mais il ne m'en refte plus.

Je fuis très-parfaitement,

MONSIEUR,

Votre très-humble & très-obéiffant ferviteur LE VEILLARD.

*A Paffi, ce 12 Octobre 1768.*

# AVERTISSEMENT.

DE tous les ſecours répandus dans la nature & établis par la Providence pour ſoulager l'homme dans le grand nombre de maux phyſiques qui l'accablent, ſans contredit, il n'y en a point de plus ſalutaires que les eaux minérales.

Quoique l'utilité de celles qui ſe trouvent à Luxeuil ſoit connue, il eſt abſolument néceſſaire d'en développer & approfondir les principes, & de conſtater leurs différens effets ſur le corps humain, pour que ceux qui veillent à la ſanté des hommes n'engagent pas trop légérement leurs malades dans un voyage long, fatigant & peut-être infructueux ; & , par la comparaison qu'ils pourront faire de ces eaux avec les autres eaux du royaume, ils puissent déterminer le secours qu'on doit attendre de chacune.

Fixé à Luxeuil depuis quelques années, j'y ai fait une étude particuliere de ses eaux minérales. Je n'ai rien oublié pour me mettre en état d'en rendre un compte fidèle, dans l'espérance de pouvoir être utile non-seulement à ma patrie, mais encore aux étrangers qui y viennent chercher ou la guérison, ou au moins du foulagement à leurs maux. C'eſt le fruit de mon étude, d'une longue & preſque conti- nuelle expérience, & de plu- ſieurs opérations que je préſente aujourd'hui à tous ceux pour qui ces eaux peuvent être ſa- lutaires. Pluſieurs habiles mé- decins ont travaillé avec ſuccès ſur cette matiere. J'ai profité de leurs lumieres, & je me fais un devoir de le publier. Mais, comme ils n'ont examiné ces eaux qu'en paſſant, & qu'ils n'ont pu être témoins chaque année, comme moi, des effets qu'elles ont produits ſur diffé- rens malades, il n'eſt pas ſur- prenant qu'ils aient omis bien des choſes dont je parlerai, &

que mon féjour continuel à Luxeuil & mon application m'ont
fait remarquer. On trouvera
donc dans cet Effai, & ce qu'ils
ont découvert, & ce qu'ils ont
ignoré.

Pour traiter cette matiere
avec méthode, & pour la commodité des lecteurs, je l'ai renfermée dans les queftions fuivantes, qui, avec les réponfes,
m'ont paru contenir tout ce
que mes lecteurs peuvent defi-
rer de fçavoir touchant ces
eaux, leurs vertus, les cas où
elles font falutaires, & la maniere dont on doit en ufer.

1° Les eaux minérales de
Luxeuil ont-elles été connues
& eftimées des anciens?

2° De combien de fortes y en a t-il?

3° Quels font leurs qualités & leurs principes?

4° De combien de manieres, en quel tems & combien de tems doit-on les prendre?

5° Pour quelles maladies font-elles falutaires?

6° N'y a-t-il aucune maladie à laquelle elles foient contraires?

J'ai tâché de répondre à ces queftions le plus clairement & avec le plus de détail qu'il m'a été poffible. Si cependant on y trouve encore de l'obfcurité ou des omiffions, je prie mes lecteurs de m'en avertir, ou de vive voix, ou par écrit; & je

n'oublierai rien pour y supléer
en recourant encore, comme
j'ai déja fait, aux lumieres de
médecins les plus habiles, s'i
eſt néceſſaire.

ESSAI

# ESSAI
## *HISTORIQUE*
# SUR LES EAUX
## DE LUXEUIL.

## CHAPITRE PREMIER.

*Les Eaux minérales de Luxeuil ont-elles été connues & estimées des anciens?*

ORSQU'ON veut remonter à l'origine des premiers fondateurs de Luxeuil, substituer aux différens sentimens une opinion fixe, en rapprochant les différens monumens que l'on trouve chaque jour dans cette ville, on est obligé de recourir aux premiers habitans des Gaules, & aux sages philosophes & lé-

A

giflateurs du nom de *Druides* ( *a* ), qui les ont illuftrées.

Le nom de cette ville, expofé aux vi-cilcitudes des tems, a fouffert quelques changemens dans fa prononciation, fans cependant rien perdre de fa premiere étymologie.

En 3996 de la création du monde, la troifieme année de la cent quatre-vingtieme Olympiade, la cinquante-fixieme avant la naiffance de Jefus-Chrift, cette ville s'appelloit *Lixovium* : en 450, lors de fa réduction par At-tila, *Luxovium* : au commencement du fixieme fiécle, époque de la fonda-tion de l'abbaye de Luxeuil, *Lixonium*.

---

( *a* ) Pour bien connoître ce qu'étoient les Druides, il eft important d'obferver que le gouvernement des Gaules étoit ariftocrati-que, du moins au tems de Jules-Céfar. La république des Gaules étoit compofée de trois différens états ; les Druides, les Che-valiers & le Peuple.

Les Druides étoient chargés du facerdoce & de tout ce qui regarde la religion, les loix & la médecine. Les Chevaliers portoient les armes, & le Peuple fuivoit les Chevaliers à la guerre, ou cultivoit les terres.

*Cæfar, de Bello Gallico.*
Strabon, Diodore de Sicile.

Le concile de Basle, *Lixui :* d'anciennes chartres portent *Lixel*, *Lisseul*, *Lixu*. A toutes ces dénominaisons, on voit qu'il tire son nom du mot *Li* & *Lis*, qui, en langue celtique (*a*), signifie *Eau;* d'où s'est formé *Lixo* (*b*), *Eau chaude;* de ce terme sont tirés les mots latins *Lix*, lescive, & *Lixivia*, cendres lescivées; d'où est dérivé *Lixivium*, étymologie appliquée aux sels tirés de ses eaux par la lixiviation & l'évaporation.

Luxeuil est la ville la plus septentrionale de la province de Franche-Comté, sur les confins de l'Alsace & de la Lorraine. Elle est située à l'extrémité méridionale des monts de Vosges, entre la ville de Besançon, dont elle est éloignée de douze lieues, & de quatre de Plombieres, à quarante-sept degrés cinquante-une minutes septentrionales de latitude, & vingt-un degrés cinquante minutes de longitude, entre les seizieme & dix-septieme parallèles. Elle est bornée à l'extrémité septentrionale par une plaine longue de trois

---

(*a*) Dictionnaire Celtique.
(*b*) Ducange. Gloss. ad verbum *Lixe.*

lieues du levant au couchant, & de deux lieues de largeur. Deux petites rivieres, très-abondantes en poiſſon, parcourent cette plaine en arroſant les prairies voiſines. Une ſuite de collines, rompue par une vallée, dont la droite reçoit les rayons du ſoleil à ſon lever, & la gauche, les rayons qu'il lance ſur notre horizon, occupe la partie du nord-oueſt de cette ville.

Au pied d'une de ces collines dans la même vallée, & à quelques toiſes du fauxbourg des Romains, jailliſſent les fontaines d'eaux minérales. Elles ſont entourées d'un tapis de verdure, où l'on aborde par de très-belles allées qui ſe continuent juſques dans l'enceinte des bâtimens qui renferment les eaux.

Un aſpect auſſi riant, la ſituation agréable, la douceur du climat, l'urbanité des habitans, font de cette ville un ſéjour gracieux.

Cette ville, au nombre des francs-alleux (a), a joui dans tous les tems

---

(a) On diſtingue deux ſortes d'alleux, les alleux ſaliques & les alleux non ſaliques. Les premiers ne pouvoient être poſſédés que par les conquérans, & même par les mâles. Les de la franchise, & y a attiré de toutes parts les étrangers par le commerce qui y fleurit, & dont l'industrie, plus ou moins étendue, rend chaque citoyen fort à son aise.

Quoique les habitans de Luxeuil aient toujours été persuadés que leur ville étoit une des plus anciennes des Gaules, & qu'il fût aisé de donner des preuves de son ancienneté, bien des personnes qui se piquoient d'érudition, en attribuoient l'origine à *S. Colomban* & à ses disciples. « Ce saint, » qui cherchoit une solitude, la trouva, » disent-ils, dans l'endroit où est à pré- » sent l'abbaye des PP. Bénédictins dont » il a été fondateur. » Cette abbaye & les bains sont le plus bel ornement de Luxeuil. « Si cette ville avoit subsisté » alors, ce saint, qui cherchoit un désert, » l'auroit-il choisie pour sa demeure ? » Ce n'étoit alors qu'une forêt entre-

---

alleux non saliques étoient les terres qu'on avoit laissées aux naturels du pays, en toutes propriétés indépendantes de toutes mouvances particulieres ; les filles y partageoient avec leur frere. *Voyez* Marculphe. *Lib.* II, *fol.* 12.

A iij

» coupée de marais dont on a fait des
» étangs. La réputation du faint & celle
» de fes difciples y attirerent peu-à-peu
» des habitans; & c'eft ainfi que fe for-
» ma infenfiblement cette ville, dont
» l'origine par conféquent ne remonte
» pas plus haut que le fixieme fiécle. »

Rien n'auroit paru plus plaufible que cette opinion, fi elle n'avoit pas été contraire à la vérité de l'hiftoire, & à des monumens anciens trouvés dans la ville, & qui n'ont pu être l'ouvrage des difciples de S. Colomban ( *a* ). L'Hiftoire nous apprend que, lorfqu'Attila vint dans les Gaules, il dé-truifit les villes de *Befançon,* de *Luxeuil* & de *Langres.* On en peut voir la preuve dans le Livre du cardinal *Nicolaus Olaus,* intitulé *Attila.* Luxeuil exiftoit donc déja alors, & étoit affez confidérable pour mériter d'être mife au nombre des conquêtes du prince

---

( *a* ) Olaus, cap. 4.
Nauclerus-Cofmograph. Tome I;
Generat. 16.
Chronic. Nuremberg. Act. 6, fol. 106.
*Chifflet.* Vefunt. Lib. part. 1, cap. 5,
pag. 110.

Got, & en parellèle avec de grandes villes. Or Attila vivoit environ un siécle avant S. Colomban.

Les monumens dont je viens de parler, font des statues, des inscriptions & des médailles qui marquent une ancienneté beaucoup plus grande que celle du monastere bâti par S. Colomban. Telles font 1° la figure d'un prêtre des idoles, tenant une patère à la main, trouvée dans les ruines d'un ancien temple fur le bord de la riviere de Breuchine, qui fépare la ville de Luxeuil du village de Saint-Sauveur. Cette statue est à préfent dans le jardin des révérends peres Bénédictins. 2° Plusieurs autres figures de prêtres payens armés de même de patères, qui ont été placées au-deffus de différentes maifons en plufieurs endroits de la ville. 3° Une figure d'Apollon, dont le piédeftal fubfifte encore à l'extrémité du fauxbourg & de la rue des Romains (*a*), & fur lequel on a mis

_______________________

(*a*) Quartier de la ville, qui a confervé ce nom, féparé de celui que les Bourguignons occuperent, lorfqu'en 413, ils s'établirent dans la Séquanie.

une croix à la place de l'idole. 4° L'infcription qui étoit au bâtiment des bains, *Luxovio & Brixiæ C. J. U. L. Firmar. Juff. L. V. S. M. &c.* que M. Dunod a corrigée, & expliquée en ces termes : *Luxovio & Hygiæ Caii Julii firmari juffu voto fufcepta lubens meritis.* Sans examiner s'il y avoit dans les Gaules une déeffe *Brixia*, ou s'il faut lui fubftituer, avec M. Dunod, *Ygia*, déeffe de la fanté (*a*), & en-

───────────

(*a*) Comme la fanté eft, fans contredit, le premier de tous les biens de la vie, les Grecs & les Romains en firent une divinité, & l'honoroient d'un culte particulier. Les premiers, fous le nom d'*Higiea*, déeffe de la fanté, fille d'Efculape, dévouée aux eaux minérales de la campagne de Rome, *ad Albulas*, aujourd'hui *Bagni & Trivoli*, & à ceux de *Luxeuil.* Les feconds, fous le nom de *Salus*; & voici comme s'exprime Cicéron à ce fujet. *Salutem populi facerdotes augurator.* Dans les monumens qui nous reftent de la déeffe *Hygiea*, elle paroît comme une jeune femme qui tient ordinairement un ferpent d'une main & une patère de l'autre; quelquefois le ferpent boit dans la patère, quelquefois il entortille le corps de la déeffe. (*Voyez* Mythologie.) *Hygiea*, en françois *Hygiene*, eft cette partie de la médecine qui enfeigne la maniere de fe garantir

core moins s'il faut admettre l'explica-
tion de ce fçavant, il eſt viſible que
cette inſcription eſt payenne, comme
les ſtatues dont je viens de faire mention, & qu'on ne peut par conſéquent
les attribuer à un peuple formé par
S. Colomban & par ſes diſciples.

Pour ce qui eſt des médailles, on en
a trouvé pluſieurs qui portoient les empreintes des fauſſes divinités. La ſtatue
en bronze qu'on trouva, en 1703, dans
les fondemens d'une vieille tour, &
qui eſt dans le médaillier de l'abbaye,
repréſente Hercule. Il eſt évident que
ces ſtatues & un grand nombre de médailles antiques furent apportées à Luxeuil, avant le ſiécle de S. Colomban,
durant lequel & dans les ſuivans, les
Romains, chez qui ces ſortes de médailles avoient été frappées, & qui les

---

des maladies *per regimen vitæ*. L'Hygiene
peut ſe conſidérer relativement à la ſanté du
corps, à ſa beauté, à ſes forces, & ſe ſous-
diviſer en *Hygiene* proprement dite, en *Coſmétique* & en *Athlétique*. La Coſmétique
eſt l'art de procurer aux membres une belle
conformation. L'Athlétique eſt l'art de l'e-
xercer. *Voyez* Syſtême des Connoiſſances
humaines.

répandoient, n'eurent dans les Gaules ni armées ni autorité.

Si ces monumens, & d'autres que
nous pourrions citer, font plus que fuf-
fifans pour détruire l'opinion de ceux
qui attribuoient l'origine de Luxeuil
à S. Colomban, nous avouons qu'ils
ne le font pas affez pour prouver l'o-
pinion des habitans de Luxeuil, qui regardent leur ville comme une des plus
anciennes des Gaules. Mais une infcription trouvée, le 23 du mois de Juillet
1755, derriere le bain neuf, en a
fourni une preuve fans replique. Elle
porte que *Labienus* répara les bains
chauds de Luxeuil par ordre du général *Caïus Julius Cæfar*. Perfonne n'i-
gnore que Labienus, qui, durant la
guerre civile de Rome, fuivit le parti
de Pompée, avoit été lieutenant de
Céfar dans les Gaules. Céfar, qui,
comme tous les Romains de ce tems,
faifoit grand cas des bains chauds,
donna apparemment cet ordre à Labienus, après fa victoire fur Ariovifte,
& lorfqu'il n'eut plus d'ennemis à com-
battre dans les Gaules. Voici l'infcription telle qu'on la conferve dans l'hôtel-de-ville.

LIXOVII THERM.
REPAR. LABIENUS,
JUSS. C. JUL. CÆS.
IMP.

Cette infcription prouve, premiérement, que la ville de Luxeuil eft plus
ancienne que la venue de Jules-Céfar
dans les Gaules, puifque ce ne fut ni
lui ni les troupes qui la bâtirent, &
qu'il n'y eut d'autre part que d'en avoir
fait réparer les bains. Elle prouve, fe-
condement, que la même ville à été
par conféquent bâtie par les Gaulois,
& non par les Romains, qui, avant
Céfar, ne pénétrerent pas jufqu'à l'endroit où elle eft fituée.

Elle prouve, troifiémement, que fes
bains furent auffi conftruits par les Gaulois, quoique ces peuples fuffent fort
peu curieux de bains & d'eaux minérales pour eux-mêmes : ce qui fait voir
combien les eaux de Luxeuil étoient
eftimées de ces peuples. Elle prouve,
quatriémement, que, du tems de Céfar,
il y avoit déja bien des années que les
bains & par conféquent la ville elle-

même avoient été conſtruits, puiſqu'ils avoient déja beſoin d'une réparation aſſez conſidérable pour mériter une inſcription en faveur de celui qui les réparoit; d'où il ſuit que l'on doit mettre Luxeuil au rang d'un grand nombre de villes anciennes des Gaules, qui ſubſiſtoient déja du tems de Céſar, mais dont l'origine ſe perd dans la nuit de l'antiquité.

Je ne dois pas diſſimuler qu'un homme qui paſſe pour avoir de l'érudition, a voulu faire paſſer cette inſcription comme ſuſpecte. Il inſinuoit que ce pouvoit être l'ouvrage de quelque fauſſaire, qui, pour illuſtrer ſa patrie, auroit voulu lui attribuer un titre d'ancienneté qu'elle n'avoit pas. Pour appuyer ſon ſentiment, il ſoutenoit que cette expreſſion *reparavit*, n'étoit pas d'une aſſez bonne latinité pour avoir été employée par Labienus; & que cette autre, *Juſſu Caii Cæſaris*, étoit un vrai galliciſme, dont on ne trouveroit aucun exemple dans les anciennes inſcriptions; enfin il prétendoit que l'uſage des Romains étant de joindre toujours le nom au ſurnom, le ſurnom du lieutenant de Céſar étant mis tout feul, & fans fon nom qui étoit *Titus*, c'eft une preuve, ajoutoit-il, que l'infcription a été fabriquée par quelqu'un fort ignorant dans les ufages des anciens Romains.

Comme nous ne nommons point ici l'auteur de ces difficultés, nous ne craindrons pas de dire, *fans vouloir l'offenfer*, qu'elles ne font point honneur à fon difcernement & à fon érudition.

Car, premiérement, il ne fut jamais permis de fufpecter, fans preuve certaine, & encore contre toute vraifemblance, un monument ancien, fous prétexte qu'il a pu être fabriqué par quelque fauffaire. Dans l'infcription que j'ai citée, les caracteres romains font parfaitement femblables à ceux qu'on voit dans les infcriptions du fiécle de Céfar. Rien ne s'y découvre, qui puiffe annoncer une marque de fauffeté. ... A quel propos d'ailleurs un fauffaire auroit-il été placer une pareille infcription dans un endroit où il ne pouvoit pas prévoir qu'on dût jamais creufer ? Ne l'auroit-il pas mife dans quelque endroit qui dût être remué, en cas de réparations, foit des bâtimens, soit des conduits ou des chemins ? N'auroit-on pas apperçu que la terre avoit été remuée dans l'endroit où il auroit enfoui son ouvrage, & n'auroit-il pas excité par-là la curiosité de ceux qui s'en feroient apperçus ? Et quel est le monument ancien trouvé en terre, dont on ne puisse suspecter l'ancienneté, s'il suffit pour cela de dire qu'il pourroit être l'ouvrage de quelque faussaire ?

Le mot *reparavit* ne paroît pas à notre critique d'une bonne latinité. J'en suis fâché pour lui ; parce que par-là, il prouve qu'il n'a pas beaucoup lu ceux qui ont fait des recherches dans les antiquités ( *a* ), ni les auteurs recon-

---

(a) *Mentiones Palatinorum saliorum à veteribus ob amorem magnatium, custodiam constitutas, longaminitate neglectas, pecuniâ suâ reparaverunt pontifices vestæ.* W. cc. Proti. Focilii. Prætati.

Cette inscription, dont les caractères sont semblables à celle trouvée à Luxenil, fait voir que les Romains se sont servis du verbe *reparare*. Elle a été copiée dans Rosinus commenté par *Demster. Liv. II, page 203.*

Une pareille inscription se trouve dans le premier volume de Boissard.

nus par tous les fçavans pour être les maîtres & les modèles de la langue latine. On ne lui en citera ici que deux, que fans doute il ne récufera point. Ce font l'orateur *Cicéron* & l'hiftorien *Salufte*. On ne foupçonnera ni l'un ni l'autre d'avoir employé, dans leurs écrits, des termes de baffe latinité. Il ne s'eft pas moins trompé, en traitant de gallicifme cette expreffion, *Juffu Caii Jul. Cæfaris*, & en avançant qu'on n'en trouveroit aucun exemple dans les anciennes infcriptions. S'il veut fe défabufer, il y réuffira fans peine, en lifant cette infcription que j'ai trouvée à l'ouverture du livre dans le premier tome de l'Antiquité par dom Bernard de Montfaucon, page 49. *Jovi optimo maximo T. Flavius Cofmus juffu Dei fecit.* L'auteur de cette infcription étoit bien éloigné de faire un gallicifme, fi long-tems avant la naiffance de la langue françoife.

Pour ce qui eft de l'obfervation fur le nom *Titus*, qui ne fe trouve pas

---

*Voyez* en outre *Jo. Bartholom. Marlian.* impreff. *Romæ 1534.* Lib. III, pag. 59. *V.* Lib. V, pag. 120.

dans l'infcription avant le furnom *Labienus*, fi le critique a lu les Commentaires de Céfar, il a dû y voir que Céfar ne nomme fouvent fon lieutenant que par fon furnom de *Labienus*, & qu'il en ufe de même à l'égard de *Quintus Cicéron*, fon autre lieutenant, qu'il défigne par fon furnom de *Cicéron*. Il n'eft pas plus heureux dans le défi qu'il fait de lui produire aucun exemple d'infcription ancienne, où le nom de celui qu'elle regarde ne foit pas avant le furnom. Rien n'eft plus aifé de répondre à fon défi ; pour cela, il n'a qu'à jeter les yeux fur un grand nombre de médailles, par exemple, fur une de la famille de Julia, où l'on lit pour toute infcription, ce mot *Cæfar;* fur une autre frappée en l'honneur d'un guerrier Romain peu connu, qui porte cette infcription, *Ipfacus Privernum cæpit,* & fur plufieurs autres qui fe trouvent dans les cabinets des antiquaires.

Il eft probable que, lorfque Labienus répara les bains de Luxeuil, cett ville s'étendoit beaucoup plus du côt de Fougerolles (*a*). On en juge pa

---

(*a*) Village éloigné de deux lieues de l

des pavés & autres reftes d'anciens bâtimens qu'on a découverts dans l'étang des peres Bénédictins, qui eft derriere les bains, depuis que ces peres ont commencé à en faire écouler les eaux. On a auffi trouvé dans le même étang, un groupe de pierres graveleufes, repréfentant un cavalier armé de fon bouclier. Sous le pied droit de devant de fon cheval, eft une tête d'homme foulée, &, à côté du cavalier, une femme. Il y a auffi d'autres figures, dont je ne peux pas donner la defcription, parce qu'ayant été féparées du refte du groupe, elles n'y ont pas encore été réunies, comme elles doivent l'être dans la fuite par les foins des magiftrats : toutes ces piéces font à l'hôtel-de-ville. Quelques-uns de nos citoyens ont cru que le cavalier repréfentoit Jules Céfar ; que la tête qui étoit fous le pied du cheval étoit celle d'*Ariovifte*, ou quelque autre prince vaincu ou foumis par ce général ; & que la femme debout repréfentoit la Gaule prête à exécuter

ville de Luxeuil, dans la pofition où elle eft aujourd'hui.

tous les ordres de fon vainqueur. Mais, fi cette conjecture eft bien fondée, il faut ajouter que le fculpteur fit de *Céfar* un portrait d'imagination; car ce cavalier ne reffemble en rien aux portraits que l'on voit de ce conquérant dans toutes les médailles.

Pour revenir à la preuve tirée de l'infcription de *Labienus*, on ne peut pas douter que Luxeuil & fes bains ne fubfiftaffent déja avant l'arrivée de Céfar dans les Gaules ; & que, dès-lors, les bains ne fuffent affez eftimés pour engager ce général à les faire réparer; mais il peut fe faire que cette ville ayant été véritablement détruite par Attila, qui fit mourir le plus grand nombre des citoyens, n'étoit peut-être pas encore entiérement rétablie, lorfque S. Colomban ( *a* ) vint s'établir dans l'endroit où eft à préfent l'abbaye : c'étoit une forêt, où ce faint

---

( *a* ) M. Flavigny, doyen de Luxeuil, & curé de Saint-Sauveur, dans un Mémoire imprimé en 1695, tiré des chroniques de Luxeuil, dit, en parlant de S. Colomban: *Inveni quandam urbem mœnibus circumdatam, aquis calidis rigatam.*

rut pouvoir vivre dans la retraite. Les
arais voifins, dont on pouvoit faire
es étangs (*a*), purent le déterminer
préférer cette retraite à d'autres foli-
udes. Cette forêt, qui n'avoit dans
on voifinage que des ruines & un
etit nombre d'habitans, la réputation
e fes vertus & de fes miracles con-
ribua beaucoup à faire rétablir & re-
eupler cette ville, fur-tout dans les
uartiers les plus près de fon monaf-
ere; nous penfons même que c'eft la
aifon pour laquelle les ruines qui
'toient au-delà des bains, en allant vers
ougerolles, & dont on a découvert
es reftes dans l'étang des Bénédic-
ins, ne furent point réparées. Ce qui
orme des preuves inconteftables de
'ancienneté & de la continuité de
ette ville, dans les fiécles les plus
eculés de la monarchie Françoife.

(*a*) On ne doit pas comprendre ici l'é-
ang qui eft derriere le monaftere des RR.
P. En 1293, Hugues de Bourgogne, fei-
neur de Mont-Juftin, frere d'Othon IV,
int devant Luxeuil avec une armée, brûla
e fauxbourg de la Bure, occupé aujourd'hui
ar l'étang de la Poche.

# CHAPITRE II.

## *Des différentes Eaux minérales de Luxeuil.*

### ARTICLE PREMIER.

#### *Des Eaux thermales.*

PARMI la grande quantité de sources chaudes qui se trouvent à Luxeuil, il en est qui sont mêlées avec des eaux froides, & d'autres qui sont très-abondantes; je ne parlerai ici que des plus connues, celles qui remplissent six bassins de différentes grandeurs, & qui ont différens degrés de chaleur.

1°. Dans la salle du grand bassin, il y a deux étuves échauffées par deux sources fort chaudes; l'eau de ces étuves se communique à un bassin qui a, de longueur, quatorze pieds, huit de largeur, & deux & demi de profondeur.

2°. De cette salle, on passe à travers un corridor qui donne dans les bains des cuvettes, où il y a une source très-abondante qui coule par deux tuyaux dans deux bassins. Entre ces bas fins, il y a un robinet pour y puifer l'eau à boire ; c'eft de cette fource qu'on boit le plus communément, & dont on fe fert pour les petits remèdes. Derriere cette falle, font des cabinets propres à prendre & à rendre les petits remèdes.

3°. De la falle des petits bains, on entre dans un autre corridor qui communique aux bains neufs : on y voit un très-beau baffin quarré, rempli par une fource d'eau chaude ; autour de tous les bains, il y a des cuves pour la commodité des malades qui ne peuvent fupporter que les eaux les plus tempérées, ou qui veulent fe baigner feuls.

4°. A trente pas ou environ de ce bâtiment, eft un autre édifice qui renferme deux baffins ; le premier s'appelle *le bain des femmes*. Le baffin eft octogone ; il a environ vingt-deux pieds de diametre & deux pieds de profondeur. L'eau chaude y coule par quatre robinets.

5°. De ce bain, on va par un périftile dans celui des hommes : le baffin eft rond ; il a environ trente-deux pieds de tour ; on y defcend par quatre marches qui ont quatre iffuës différentes.

Au frontifpice de cet édifice, au-

deffus du périftile, on lit cette infcription, dans laquelle on peut dire, à la
gloire des magiftrats de cette ville, qu'ils
ont fçu, en peu de mots, faire l'hiftoire
de leurs bains :

## LIXOVII THERMÆ,

A CELTIS OLIM ÆDIFICATÆ ,

A TITO LABIENO, JUSSU CAII JUL. CÆSAR. IMP.

RESTITUTÆ ,

LABE TEMPORUM DIRUTÆ,

SUMPTIB. URBIS DE NOVO EXTRUCT. ADORNATÆ,

FAVENTE D. *DE LACORÉ*, SEQUAN. PROVINC.

PRÆFECTO EJUS CURA ET OFFICIO,

REGNANTE ADAMATISSIMO LUDOVICO XV.

### ANNO M. DCC. LXVIII.

6°. Joignant tous les bains, il y a des
chambres à feu, où les malades, au
fortir du bain, vont s'effuyer & fe repofer.

7°. Outre ces fources qui font renfermées dans deux fuperbes bâtimens,
il y en a d'autres qui font à découvert :
vis-à-vis le périftile du grand bâtiment,
il y en a deux qui découlent dans de
petits baffins, dont une a le goût un
peu amer ; on l'appelle *la fontaine
des Abeilles :* l'autre eft un peu plus

abondante & très-agréable a boire.
Derriere le bain des femmes, eſt conſtruit un lavoir des plus commodes
pour laver les linges qui ſervent aux
bains.

# CHAPITRE III.

*Des qualités & principes des Eaux
minérales de Luxeuil.*

### ARTICLE PREMIER.

LES eaux thermales de Luxeuil
étant compoſées de deux principes, les volatils & les fixes, les volatils ne peuvent être ſaiſis dans les
opérations. Je ne doute pas que le principe volatil ne ſoit l'alkali fixe com-
biné avec le ſoufre, qui contribue, l'un,
à les rendre inciſives & atténuantes;
l'autre, à les rendre onctueuſes: deux
qualités qu'on ne peut s'empécher de
reconnoître dans ces eaux.

Ces eaux, au ſortir de leurs fources, jettent continuellement des vapeurs chaudes, qui ſont plus ou moins
épaiſſes, ſuivant les différentes tempé-
ratures de l'air.

Ces vapeurs ont une odeur de ſoie

de foufre, ou d'œufs demi-pourris ;
mais elles font fi douces, que leur
boiffon n'eft point défagréable.

Expofées en plein air, elles perdent
cette odeur ; lorfqu'on approche cette
eau du feu, l'odeur de foie de foufre
fe diffipe encore plus promptement.

Elles font auffi claires & tranfparen-
tes que les eaux les plus pures.

Elles ne fe colorent point au froid,
ni étant échauffées.

L'avantage qu'elles ont de n'être point
défagréables au goût, eft une propriété
très-avantageufe dans un remède dont
on doit continuer long-tems l'ufage.

Lorfqu'on en met dans les yeux ou
dans une plaie récente, elles ne caufent ni irritations ni cuiffons ; preuves
qu'elles ne contiennent aucune matiere âcre, acide, ni alkaline déve-
loppée.

Quand on fe baigne, elles rendent
la peau douce, onctueufe, comme
fi on y eût diffous du favon.

Les acides végétaux & minéraux
n'ont fait aucune effervefcence avec ces
eaux, & n'ont occafionné aucun précipité.

Les alkalis fixes & volatils n'ont
rien

rien changé à leur limpidité ; les teintures de violette, de tournefol, n'ont fouffert aucun changement ; les infufions de rhubarbe, de noix de galles, n'ont données aucune teinture.

La folution de fublimé corrofif, dans l'eau diftillée, n'a rien produit.

Le fel de Saturne, auffi diffous dans l'eau diftillée & filtrée, eft devenu un peu laiteux.

La diffolution d'argent de coupelle dans l'efprit de nître, verfée fur notre eau minérale, l'a à l'inftant troublée, & a enfuite formé un précipité noirâtre.

J'ai mis au bain-marie neuf livres hui t onces d'eau de la fontaine du petit bain, dans une cucurbite de verre garnie de fon chapiteau, auquel j'ai adapté un récipient : la liqueur qui a diftillé au commencement étoit limpide, fans faveur ; il ne s'eft point trouvé de différence entre cette premiere liqueur & celle qui eft venue fur la fin ; il y a paru beaucoup de concrétions nageantes, qui reffembloient à du coton : j'ai continué la diftillation jufqu'à ficcité ; il s'y eft trouvé, dans le fond de la cucurbite, un réfidu blanc, falin, feuillé, léger & très-onctueux, dans lequel il

y avoit quantité de petites paillettes brillantes ; ce réfidu pefoit vingt-deux
grains & demi, qui a produit les mêmes effets que les expériences faites
fur le réfidu fuivant.

J'ai fait évaporer feize livres de l'eau
de la fontaine du petit bain, dans une
terrine de grès, fur un fourneau rempli de charbon allumé, couvert de cendres, enforte que la chaleur fut très-
modérée. L'odeur de foie de foufre s'eft
entiérement diffipée dès le commencement. Pendant l'opération, je n'ai ob-
fervé ni bulles ni réfidu, mais beaucoup de concrétions nageantes. Lorfque toufe la liqueur a été réduite à
environ cinq onces, il s'eft formé une
pellicule & des flocons qui fe précipi-
toient dans le fond du vaiffeau ; cette
liqueur répandoit une légere odeur de
lefcive, & c'eft de cette liqueur concentrée dont je me fuis fervi pour faire
les expériences fuivantes.

1º J'ai goûté la liqueur ; elle m'a
laiffé fur la langue un goût falin, d'une
faveur urineufe.

2º Les acides végétaux ni les minéraux n'ont point fait effervefcence
avec la liqueur concentrée ; il n'y a eu

que l'huile de vitriol qui ait fait élever des vapeurs blanches, ayant l'odeur d'esprit de sel, qui se sont condensées au parois du verre. J'ai laissé reposer cette mixtion pendant quelques jours ; il ne s'est rien précipité.

3.º Cette liqueur, mêlée avec les alkalis fixes & volatiles, n'ont causé ni effervescence ni précipité.

4.º Notre liqueur concentrée a donné aux teintures bleues des végétaux, c'est-à-dire de violette, de tournesol, de pied d'alouette, un beau verd.

5.º La poudre de noix de galles, la teinture de galles, mêlée séparément avec la liqueur concentrée, n'a donné la couleur noire que huit jours après.

6.º La solution de sublimé corrosif dans l'eau distillée, & filtrée à l'instant, est devenue d'un blanc mat laiteux.

7.º Le sel de Saturne, aussi dissous dans l'eau distillée & filtrée, a rendu notre liqueur extrêmement blanche, & a causé un précipité blanc.

8.º Le mercure, dissous dans l'esprit de nître, versé sur la liqueur concentrée, l'a aussi blanchie, & a formé un précipité blanc ; j'ai versé la liqueur qui surnageoit, & desseché lentement ; il

B ij

m'a fait les mêmes effets que le précipité blanc ordinaire.

9° La diffolution d'argent de coupelle dans l'efprit de nître, n'a pas tardé à troubler la liqueur blanche ; j'ai laiffé repofer la liqueur qui s'eft éclaircie après quelques heures ; les flocons qui y étoient fufpendus, ont formé un précipité, partie en poudre, partie en caillet : j'ai décanté la liqueur ; j'ai trouvé que ce n'étoit que l'argent précipité par le fel ; j'ai mis un peu de ce précipité dans une cuiller d'argent, la cuiller s'eft noircie ; j'ai remis cette même cuiller fur des charbons ardens, ce précipité eft auffi devenu noir : la matiere réfroidie étoit fortement adhérente à la cuiller, d'un goût cauftique ; j'ai réitéré cette opération dans un fragment de matras ; la matiere a refté fixe. Mais, quoique je n'aie point tiré de lune cornée de ce produit, l'acide marin s'eft fait connoître par la confiftance cailleufe qui s'eft formée dans ce précipité.

10° Ayant verfé une once d'efprit-de-vin fur notre liqueur concentrée, elle a d'abord pris une couleur laiteufe ; l'efprit-de-vin s'eft enfuite éclairci : il furnageoit deſſus une pellicule graſſe ; le ſédiment étoit blanc, doux au tact.

Après avoir examiné ces eaux par la voie humide, jai employé la voie ſéche.

J'ai de nouveau fait évaporer ſur un même feu, dans le même vaiſſeau, ſeize livres d'eau de la même fontaine du petit bain. Lorſque la liqueur a été évaporée juſqu'à pellicule, & que les flocons, qui étoient en grand nombre, ſe ſont précipités, j'ai expoſé cette liqueur à la cave ; il s'eſt dépoſé une matiere muqueuſe griſâtre : j'ai verſé la liqueur qui ſurnageoit, & ramaſſé ce premier réſidu ; il étoit d'un aſſez grand volume ; il s'eſt en partie deſſéché à l'air : j'ai achevé de le deſſécher ſur un feu lent ; il eſt devenu extrêmement blanc, léger, onctueux, feuillé, comme là terre feuillée de tartre, d'un goût ſalin, mêlé de lames brillantes ; ce premier réſidu peſoit vingt-cinq grains.

J'ai continué d'évaporer la liqueur décantée ; il y a paru de nouveaux flocons qui ſe ſont précipités. Comme il ne reſtoit que très-peu de liqueur, je l'ai évaporée juſqu'à ſiccité ; il ne s'eſt ni gerſé ni gonflé en ſe deſſéchant, mais exhaloit une odeur de laine brûlée ; ce réfidu étoit blanc, rempli de lames très-brillantes, léger, doux au taƈt; il pefoit treize grains.

Ayant jeté de ce réfidu fur des charbons ardens, il a répandu une odeur de bitume, fans fufer ni décrépiter, a refté blanc.

L'huile de vitriol a décompofé les premier & fecond réfidus, qui ont exhalé une odeur d'efprit-de-fel.

J'ai fait évaporer une grande quantité de cette eau, pour avoir beaucoup de réfidu; &, en ayant expofé une partie au grand feu dans un creufet, je n'ai point vu qu'il ait changé de couleur, & a refté fixe fans être devenu chaud. J'ai augmenté le feu jufqu'au degré de fufion, l'ayant long-tems tenu dans cet état : malgré le grand feu qu'il a fouffert, il ne s'eft point vitrifié.

La teinture de noix de galles, mêlée avec notre réfidu, a pris une couleur jaunâtre orangée; cette couleur s'eft confervée pendant deux jours; le quatrieme, elle eft devenue d'un brun foncé; au huitieme jour, elle étoit noire : il s'eft dépofé dans le fond du verre une matiere brune, qui m'a paru la poudre de noix de galles.

J'ai pris partie égale de ce résidu & de *fluor* noir, & les ai calcinés ; j'ai ensuite promené l'acier aimanté, il n'a attiré aucunes particules de fer.

Ayant mis de ce résidu dans une capsule, & versé dessus de l'huile de vitriol, qui a fait une forte effervescence, j'ai versé sur cette mixtion de l'huile de tartre par défaillance ; il s'est précipité une grande quantité de terre blanche. Ayant filtré la liqueur qui surnageoit, & évaporé lentement jusqu'à pellicule, que j'ai ensuite exposée à la cave, il s'est formé des crystaux de la nature du tartre vitriolé.

Pour connoître quelle pouvoit être la quantité d'absorbant terreux que contenoit ce résidu, j'ai mis dans un petit verre quinze grains de ce résidu ; j'ai versé dessus cinquante-une gouttes d'huile de vitriol : elle a cessé de faire effervescence à la quarantieme goutte. Pour rendre la solution plus parfaite, j'ai ajouté cent gouttes d'eau distillée, & l'ai laissé reposer pendant quelques jours ; j'ai versé la liqueur, & lavé plusieurs fois le sédiment avec l'eau distillée ; je l'ai desséché : il pesoit dix grains. Enforte que, de seize livres

d'eau que j'ai fais évaporer, il y a eû
trente-huit grains : fomme totale des
premier & fecond réfidus, qui font
par livre d'eau deux grains trois fixie-
mes de matiere fixe; &, des quinze
grains qui ont été en diffolution, il y
en avoit cinq de diffous par l'huile de
vitriol.

Il paroît, par les expériences ci-def-
fus, que ces eaux contiennent un air
très-élaftique, des parties éthérées volatiles, un foie de foufre, un fafran de
Mars qui fe tient parfaitement en diffolution dans ce liquide, un fel de la
nature du fel marin, mêlé avec du
fpath, & une terre calcaire, vraifemblablement la bafe du fel marin ; le
tout parfaitement réuni dans des pro-
portions inimitables, & diffous, dans
les parties aqueufes.

## ARTICLE II.

### *De la Légéreté des Eaux.*

En général, toutes les eaux légeres,
& qui ne font pas imprégnées d'aucun
mauvais principe, font des remèdes
très-efficaces pour un grand nombre
de maladies. Car, comme le remar-

que un médecin Anglois, (M. Cheyne, membre de la Société royale de Londres, *Régles fur la Santé & fur les Moyens de prolonger la vie*), qui a donné de fort bonnes régles fur les moyens de conferver la fanté, à quelques maximes près qui ne conviennent qu'en Angleterre, la plûpart des maladies viennent du défaut de fluidité dans le fang & dans les fucs. Or, rien n'eft plus propre à rendre au fang & aux fucs leur fluidité naturelle, lorfqu'ils font devenus trop épais & vifqueux, que la bonne eau prife dans la mefure & avec les précautions néceffaires. L'eau minérale de Luxeuil eft déja, par cet endroit, indépendamment de fes principes minéraux, trèspropre à corriger l'épaiffiffement & la vifcofité du fang & des fucs, & à guérir un grand nombre de maladies; car, quoique chargée de principes minéraux, elle eft très-légere, très-propre par conféquent à s'infinuer dans les vaiffeaux, à fe mêler avec le fang & les fucs, à les raréfier & à les rendre plus fluides.

Pour connoître leurs pefanteurs fpécifiques, je me fuis fervi du pèfe-liqueur que tout le monde connoît; &

on pourra en juger par la comparai-
fon fuivante.

Le pèfe-liqueur, dans un pot rempli
des eaux thermales puifées à leurs robinets, s'eft enfoncé, *ratione inversâ
altitudinis inftrumenti*,

| Eaux thermales. | Eaux diftillées. | Eau de riviere, coulante fur le fable. |
|---|---|---|
| dans l'eau du gran bain, au n°....6 | in peu au-def fous du n°...5. | au n°.....4. |
| dans l'eau du peti bain, au n°...5½. | un peu au-def fous du n°..5. | au n°.....4. |
| dans le bain des femmes, au n°.5½. | un peu au-def fous du n°..5. | au n°.....4. |
| dans le bain neut, au n°........5½. | un peu au-def ous du n°..5. | au n°.....4. |
| dans le bain de hommes, un n°.4½. | un peu au-def ous du n°..5. | au n°.....4. |

# ARTICLE III.

*De l'Air renfermé dans les Eaux.*

L'air pur ou chargé de bons principes, contribue beaucoup au rétabliffement de la fanté. ( M. Venel, dans
un *Mémoire fur l'Analyfe des Eaux de
Seltz*, Tome II des Mémoires de Ma-

thématiques, &c. présentés à l'Académie Royale des Sciences, 1755,) prouve, par plusieurs expériences qu'il a faites, que la vertu de ces eaux qui font renommées, ne dépend point de ce qu'on appelle *un efprit minéral, élaftique, actif, volatile, étheré, aërien*; mais de l'air qu'elles contiennent en grande quantité, & plus que l'eau commune. Il eft certain que l'air diminue le poids de l'eau par fa ténuité, & qu'il la rend plus active par fon élafticité; ainfi, plus l'eau contient d'air, *cæteris partibus*, plus elle eft légere, propre à agir fur le fang & les autres liquides, en s'infinuant dans les vaiffeaux qui les contiennent; d'où M. Venel conclut qu'on doit regarder l'air furabondant dans les eaux de Seltz, finon comme faifant le fonds du remède, du moins comme l'aiguifant. Les eaux de Seltz ne font pas les feules qui contiennent plus d'air que l'eau commune. La légéreté de celles de Luxeuil eft une preuve qu'elles ont le même avantage. Je fuis bien éloigné, à la vérité, de reconnoître dans cet avantage le *fonds du remède*; mais il paroît qu'on ne peut pas difconvenir que cette furabondance

B vj

d'air ne rende l'eau plus tenue, plus légere, en un mot, qu'elle n'aiguife le remède & ne le rende d'autant plus actif, que cet air furabondant eft imprégné des parties les plus fubtiles & les plus volatiles des principes minéraux.

Pour m'affurer fi ces eaux contenoient vraiment plus d'air que l'eau commune, j'ai rempli de cette eau nouvellement puifée, une bouteille à goulot étroit, que j'ai bien bouchée & laiffé réfroidir; je n'ai apperçu aucun mouvement d'effervefcence inteftine, mais beaucoup de bulles d'air qui fe dégageoient.

L'ayant débouché un peu, il s'eft fait un fifflement affez fort pour faire connoître qu'elles contiennent un air très-fubtil.

J'ai de nouveau rempli de cette eau un pèfe-vin de fix pouces de diametre, exactement bouché; je l'ai plongé dans une jatte remplie de l'eau la plus chaude : lorfque le tout a été refroidi, j'ai examiné quelle quantité d'air fe dégageoit de la liqueur contenue dans le pèfe-vin ; j'ai apperçu une bulle de la groffeur d'une bonne fève.

J'ai rempli d'eau de la même fontaine une bouteille à laquelle j'ai ajuſté une veſſie mouillée & bien preſſée pour en vuider l'air, que j'ai ficelée fortement au col de la bouteille; l'eau refroidie & bien agitée dégageoit aſſez d'air qui gonfloit ſenſiblement la veſſie.

J'ai fait les mêmes expériences ſur l'eau commune échauffée; je n'ai rien apperçu : j'ai dû conclure que ces eaux contenoient beaucoup plus d'air que les eaux communes.

## ARTICLE IV.

### De la Chaleur des Eaux thermales.

L'effet de la chaleur eſt, en général, d'augmenter l'activité & la force de l'eau, en augmentant le mouvement de ſes parties. C'eſt ce qu'on éprouve dans l'eau commune, qui, étant échauffée, produit des effets qu'elle ne pourroit pas produire étant priſe dans ſa fraîcheur naturelle ; mais la chaleur des eaux minérales a trois avantages ſur la chaleur que l'on communique à l'eau par le feu. Le premier eſt qu'étant toujours au même degré, ſon action ſur les humeurs & ſur les ſolides eſt plus uniforme ; au lieu que celle qui vient du feu varie à chaque inftant, & agit tantôt trop fortement, tantôt trop foiblement. Le fecond, c'eft que la chaleur des eaux minérales eft plus pénétrante, plus fubtile, & affecte plus les parties les plus infenfibles : en effet, l'eau qu'on a fait chauffer fur le feu eft à la vérité toute pleine de parties de feu, qui rempliffent fes pores ; mais ces parties font encore groffieres, & foulevent des molécules confidérables d'eau ; au lieu que les parties de feu, qui font dans les eaux minérales, y étant diftribuées par la fermentation des principes qui font extrêmement déliés, volatiles même, comme je le dirai ci-après, elles pénètrent dans les parties les plus petites & les plus infenfibles, & les mettent toutes en mouvement.

Je dis que les parties de feu, qui font dans les eaux minérales, y font diftribuées par la fermentation des principes ; & je ne crois pas devoir m'arrêter à le prouver. Car je ne penfe pas qu'on veuille adopter aucune des autres caufes propofées par les philofophes & les médecins, avant que cette matiere eût été éclaircie comme elle l'eft à préfent.

M. Charles, docteur & professeur de médecine à l'université de Besançon, a très-bien traité cette matiere dans l'excellente differtation qu'il a faite fur les eaux de Bourbonne. Il prouve, page 35, contre Paracelfe, que cette chaleur n'eft point une qualité effentielle communiquée aux eaux thermales, par le Créateur, dans leur création, puifqu'elles fe refroidiffent lorfqu'on les conferve quelque tems hors du baffin, où elles ne retiennent leur chaleur que parce qu'elles font continuellement renouvellées : il rejette l'antipériftafe à laquelle quelques auteurs avoient eu recours ; parce que cette antipériftafe eft un mot qui ne fignifie rien, & j'ajoute qui ne peut fervir qu'à couvrir l'ignorance de ceux qui l'emploient.

Il réfute le fentiment de ceux *qui regardent la chaleur des eaux comme un effet des rayons du foleil, qui, pénétrant par les canaux imperceptibles de la terre, raffemblent & communiquent leur chaleur aux eaux, dans le réfervoir fouterrein de leur fource.*

» Ils n'ont pas fait apparemment réfle-» xion, dit-il, p. 39, que la chaleur du fo-

» leil, qui, eu égard à la maſſe de la terre
» en effleure à peine la ſurface, ne pénè-
» tre pas juſqu'au fond des entrailles ; je
» demanderois volontiers, ajoute-t-il,
» aux défenſeurs de cette opinion, pour-
» quoi, dans les régions brûlantes des
» plus vives ardeurs du ſoleil, l'on
» trouve un grand nombre de fontai-
» nes très-fraîches ? Il paroît que l'ar-
» deur des rayons du ſoleil ne devroit
» y ſouffrir que des ſources chaudes. »

La rapidité des fleuves, des ruiſſeaux, &c. des torrens qui ne ſont pas
chauds, lui fournit une preuve contre
le ſentiment *de ceux qui ont cru que les*
*eaux chaudes ne tiroient leurs chaleurs*
*que du mouvement de leurs parties.* Je
crois pouvoir dire, avec le reſpect que
je dois à ce grand homme, que cette
preuve n'eſt pas concluante, parce que
les fleuves, les ruiſſeaux & les torrens ra-
pides ont un mouvement direct, qui
cauſe plutôt la fraîcheur que la chaleur ;
au lieu que les eaux minérales ont un
mouvement que les phyſiciens appellent *interturbatus* ; & dans lequel ils
font connoître la chaleur. Mais ce ſentiment n'explique rien ; car il n'eſt pas
queſtion de ſçavoir ſi les eaux miné-

rales ont ce mouvement qui n'eſt jamais ſans chaleur; mais il eſt queſtion de ſçavoir de quelle cauſe leur vient ce mouvement.

Les plus habiles philoſophes anciens (a), & un grand nombre de médecins modernes, ont attribué à des feux ſouterreins la chaleur des eaux. M. Charles, après avoir avoué qu'il avoit regardé, durant un tems, cette opinion comme la plus ſoutenable, donne les raiſons qui l'ont obligé à l'abandonner.

Premiérement, le feu ſouterrein ne pouvoit s'y entrenir ſans air; &, s'il avoit de l'air, on le verroit ſortir par des ſoupiraux (b); en ſecond lieu, en

______

(a) Platon, Ariſtote, Pline. Voici comme s'exprime Manilius, *in ſuo aſtronomiæ:*

*Sunt autem cunčtis permixti partibus ignes ,*
*Qui gravidas habitant fabricantes fulmina nubes,*
*Et penetrant terras cæteraque minantur olympo ,*
*Et calidas reddunt ipſis in fontibus undas.*

(b) A la fontaine brûlante du Dauphiné, l'on voit de la flamme qui ſort avec l'eau, qui vraiſemblablement n'eſt pas flamme ſous terre, où elle n'a pas aſſez d'air pour brûler; & à peine l'eau qui ſort eſt-elle chaude.

creufant autour des fources d'eaux chaudes, on n'a jamais trouvé ni charbons
de pierre allumés, ni aucun veftige de
feu.

Troifiémement, pourquoi, lorfque
l'on creufe plus profondément dans la
terre, la trouve-t-on toujours plus
dure & plus froide ? Quatriémement,
pourquoi les eaux chaudes minérales,
mifes fur le feu, demeurent-elles autant
à bouillir que les eaux froides ? Cinquiémement, pourquoi, lorfqu'on les
fait bouillir, confervent-elles plus long-
tems la chaleur que l'eau commune
qu'on auroit fait bouillir également ?
N'eft-il pas évident qu'il y a dans les
eaux minérales un principe de chaleur
qui n'eft pas dans l'eau commune ? Elles
bouilliroient inconteftablement plutôt,
fi elles avoient déja été échauffées par
des feux fouterreins

Ce feroit encore fe tromper, que
d'attribuer la chaleur des eaux minérales aux fels différens qui s'y trouvent;
car, outre que les fels, quoique de
différente nature, ne font point oppofés entr'eux, il y a des eaux chaudes
qui ne rendent point de fel; telles font,
dit M. Charles, les eaux de Favards en

Suisse. Il y en a de très-chaudes qui n'ont presque point de sel; telle est la fontaine de Castro, dans l'isle de Milo, une des plus grandes de l'Archipel; telles sont encore les eaux de Néris, dans le Bourbonnois. Démocrite croyoit que la chaleur des eaux pouvoit s'expliquer par la pierre de chaux. Mais l'expérience fait voir que la pierre de chaux se mêle avec l'eau qu'elle échauffe, qu'elle lui communique une couleur blanchâtre, & qu'elle la fait bouillir; ce qu'on ne remarque pas dans les eaux minérales. M. Charles n'approuve pas le sentiment de ceux qui conjecturent que la fermentation du fer & du soufre mêlés dans les eaux minérales, est la cause de la chaleur dont il s'agit; quoique ce sentiment soit appuyé, 1° sur l'observation qu'on a faite, qu'il y a des mines de fer au voisinage de la plûpart des eaux minérales: par exemple, l'isle de Milo dont on vient de parler, en a de fort abondantes: 2°. sur des expériences faites par M. l'Emery (a), Nicolas, & par

_________________________

(a) Académie de Paris, 1700; *idem*, Cours

M. Gauthier. Le premier mêla du foufre & du fer avec une certaine quantité
d'eau ; & cette eau, dans l'efpace de
quelques heures, devint chaude, &
exhala une fumée affez épaiffe : le fecond, étant à Bourbonne, mit dans
un vafe fermé de la limaille de fer, du
fel commun & du foufre pulvérifé en
égale quantité, avec une quantité
fuffifante d'eau ; &, dans quelques heures, l'eau devint chaude par la fermentation ( *a* ). Un auteur des plus refpec-

---

chymique, corrigé par Baron, Chap. VII,
page 149 & fuivantes.

( *a* ) Un médecin François, nommé *Ro-*
*cas*, grand naturalifte, voyageant dans les
Alpes Suiffes, où il y avoit une fontaine
d'eau chaude, fit ouvrir la terre en remon-
tant de fuite jufqu'à la fource ; là, il trouva
une eau claire un peu falée & acide froide,
fans aucune chaleur ; mais il remarqua que
cette même eau, paffant en fon cours à travers une mine métallique fulfureufe, y exci-
toit une ébullition très-forte, enforte qu'elle
devenoit chaude. De-là, il conclut que la
chaleur des eaux minérales venoient de l'effervefcence continuelle qui fe fait dans les
eaux qui paffent à travers des veines mé-
talliques, fulfureufes, falines & balfamiques.
*Henri de Rocas*, Chap. I, *des Eaux fulfureu-*
*fes*, page 12 & fuivantes.

tables cite à cet effet la chaleur des feux fouterreins ; « & il fe trouve, dit-il, » dans une montagne, des veines de » foufre, de bitume & d'autres matie-» res imflammables ; il s'y trouve en » même tems des minéraux, des pyri-» tes qui peuvent fermenter, & qui » fermentent en effet toutes les fois » qu'elles font expofées à l'air ou à » l'humidité (a). » Ce fentiment me paroît d'autant plus probable, que je ne connois aucune eau minérale qui n'ait des principes fulfureux & martiaux. Il eft vrai que, comme le remarque Bergerus, qui veut que la pierre de feu qu'on nomme auffi *marcaffite & pierre métallique*, foit la caufe de la chaleur des eaux minérales, on trouve de ces pierres de feu par-tout où il y a des eaux ; mais, dans ces pierres, il y a des particules de fer & des particules de foufre ; & ces particules, paffant dans l'eau, doivent y caufer la fermentation & la chaleur : ainfi la pierre de feu peut être la fource d'où l'eau tire ces deux principes qui font la caufe de la chaleur.

_______________

(a) *Buffon*, Tome II, page 293 & fui-vantes, in-12, *Hiftoire naturelle.*

Quoi qu'il en foit, c'eft conftamment par la fermentation que la chaleur eft produite ; mais cela me fuffit pour établir le fecond avantage dont je parle.

Le troifieme, qu'en mettant non-feulement les particules de l'eau les plus déliées, mais encore les principes en mouvement, la chaleur des eaux minérales communique non-feulement à l'eau, mais à fes principes, plus d'activité. Les plus habiles médecins en font fi convaincus, qu'ils ordonnent fouvent aux malades qui prennent les eaux minérales froides, de les faire chauffer ou dégourdir au bain-marie.

## ARTICLE V.

### *Du degré de chaleur des Eaux thermales de Luxeuil.*

La chaleur, pour être falutaire aux malades, doit être dans un degré convenable à leur tempérament, & propre à furmonter la caufe de leur maladie ; car, plus l'eau thermale a de chaleur, plus les principes de la fermentation font abondans : or, ces principes peuvent être dans un degré trop foible pour certaines maladies ; c'eſt pourquoi les médecins habiles font la différence des différens bains chauds , felon les différens degrés de leur chaleur. A Plombieres , par exemple , ils ordonnent à certains malades le bain du grand baſſin ; &, à d'autres, celui du baſſin des Capucins : il en eſt de même à Luxeuil.

Nous ordonnons à certains malades de ſe baigner dans le grand bain , dont la chaleur eſt plus grande ; & à d'autres, dans le petit , dont la chaleur eſt plus modérée. Il eſt donc important de connoître les différens degrés de chaleur des différentes ſources de Luxeuil.

M. Morel les a meſurés & les a marqués dans ſon traité intitulé : *Obſervations ſur les Eaux minérales de Luxeuil;* ouvrage utile , & qui fait honneur à ſon auteur ; mais on ignore de quel thermometre il s'eſt ſervi , vu què les degrés , marqués dans différens thermometres , ſont différens les uns des autres. On ne peut donc ſçavoir ce qu'il faut entendre préciſément par degré de chaleur dans ſon livre.

Pour éviter cet inconvénient , je me ſuis ſervi du thermometre à l'eſprit-de-vin, conſtruit ſelon les principes de

M. de Réaumur ; c'eſt de ces degrés marqués dans cet excellent thermometre, qu'il faut entendre ceux dont je vais parler.

Le thermometre , le 8 Octobre, étant à l'air extérieur à dix degrés, terme de température ; le 20 Janvier, à cinq degrés au-deſſous du terme de la glace ; le 15 Juin, au vingt-ſeptieme degré au-deſſus du terme de la glace ; le même thermometre donc plongé, pendant vingt-cinq minutes, dans la petite ſource qui échauffe les étuves, la liqueur du thermometre a conſtamment monté au degré au-deſſus du terme de la glace à . . . . . . . 51 (a).

Dans la grande ſource des mêmes étuves, le thermometre y ayant demeuré le même eſpace de tems, la liqueur a monté au degré . . . . . . . 41.

Le thermometre plongé à la ſurface

---

(a) Les feuilles d'oſeille ne s'y flétriſſent point, quoiqu'elles aient demeuré aſſez long-tems ſur la ſource la plus chaude.

J'ai laiſſé un œuf du jour, pendant trois quarts d'heure, dans cette ſource ; je l'ai enſuite caſſé, il n'y avoit point de pellicule : le jaune avoit le goûr puant de foie de ſoufre.

du

du baffin du grand bain, la liqueur a
monté au degré . . . . . . . . . . . . . 40.

A la furface des baffins du petit bain,
au degré . . . . . . . . . . . . . . . . . 37½.

Dans le baffin du bain des femmes,
au degré . . . . . . . . . . . . . . . . . 36.

Dans le baffin du bain neuf, au de-
gré . . . . . . . . . . . . . . . . . . . . 33.

Dans le baffin des hommes, au de-
gré . . . . . . . . . . . . . . . . . . . . 31½.

## ARTICLE VI.

### *Des Eaux minérales froides.*

### *Eaux ferrugineufes.*

La nature, en manifeftant fes merveilles dans les propriétés des différentes eaux minérales, femble s'être épuifée
en faveur de Luxeuil, en réuniffant
dans fon fein la plûpart de celles, tant
chaudes que froides, qui font répandues dans le royaume.

Si la chaleur eft une qualité qui augmente la vertu des principes des eaux
thermales, le caractere de celles-ci eft
d'une autre qualité qui peut, en bien
des cas, appaifer le mouvement des
fibres & des liqueurs, excité par une
trop grande chaleur, & tempérer le

C

fang & les vifceres ; par cet effet, elle les prépare à fe prêter à l'action de fes principes.

La fource d'eau ferrugineufe, dont je parle, eft à l'extérieur des bains, au nord du grand bâtiment, éloignée de cet édifice d'environ vingt pieds.

Cette eau découle abondamment dans un petit baffin qui a environ deux pieds de diametre, & un de profondeur.

Dans le fond du baffin, on voit une terre ocreufe, que cette eau y dépofe.

Elle eft, au refte, très-claire & tranfparente.

Nouvellement puifée à la fource, elle a le goût & l'odeur de rouille.

Expofée au feu, elle fe trouble, & dépofe dans le fond du vaiffeau une terre jaune ocreufe, vraifemblablement la bafe terreufe du fer.

Elle diffout parfaitement le favon.

Elle eft non-feulement plus légere que l'eau commune, mais encore que les eaux diftillées.

L'aréometre ou pèfe-liqueur, abandonné dans un pot rempli de notre eau minérale, s'eft enfoncé un peu au-deffous du nº 6.

Le même pèfe-liqueur, dans l'eau diftillée, s'eft enfoncé au-deffous du nº 5.

Pour fçavoir à-peu-près quelle pourroit être la quantité d'air qu'elle contient, j'ai rempli de cette eau une bouteille de verre, que j'ai bouchée exactement *ope pollicis roftri*. L'ayant beaucoup agitée, il s'eft élevé quelques bulles; il ne s'en eft cependant fuivi aucun fifflement qui nous indique qu'elle contienne un air bien élaftique, qui eft la caufe de la rupture des vaiffeaux, comme font certaines eaux minérales, à moins que cette eau n'ait fouffert la putréfaction.

Les acides végétaux ni les minéraux n'ont point fermenté avec cette eau prife à fa fource.

Il n'y a eu que l'huile de vitriol qui ait formé un mouvement d'effervefcence : phénomène qui vient de l'acide vitriolique bien concentré avec l'eau, que j'ai auffi attribué au même acide fur la bafe terreufe que ces eaux tiennent en diffolution; il s'eft élevé, dans cette mixtion, quelques bulles que j'ai cru être occafionnées par la force de l'acide vitriolique.

C ij

L'efprit volatil de fel ammoniac, *ope calcis*, & l'huile de tartre par défaillance, n'ont pas même troublé leur limpidité.

La diffolution d'argent dans l'efprit de nître eft devenue verte.

Le fel de Saturne, diffous dans l'eau diftillée & filtrée, l'a rendue un peu laiteufe : elle n'a pas tardé à s'éclaircir fans rien précipiter.

La diffolution de mercure dans l'efprit de nître uni avec notre eau, l'a rendue à l'inftant blanche, & a formé un fédiment cailleux d'un jaune foufre.

La folution de fublimé corrofif dans l'eau diftillée & filtrée, de même que l'alun, n'ont apporté aucun changement.

Cette eau a donné au fyrop violat, aux teintures de tournefol, de mauve, une couleur verte.

La poudre de noix de galle, mêlée alternativement avec notre eau minérale, a commencé par être violette, puis d'un violet foncé, enfuite eft devenue très-noire, & cela dans l'efpace de trois minutes.

Les feuilles de chêne, de thé, &

les baloftes, ont auffi procuré une couleur noire.

Elle prend promptement la teinture
de rhubarbe, qui enfuite devient d'un
brun foncé.

J'ai fait évaporer lentement fur un
fourneau rempli de charbons très-
allumés, couverts de cendres, fix livres de cette eau nouvellement puifée
à fa fource, & filtrée par le papier
gris dans une terrine verniffée : au
moindre degré de chaleur, elle s'eft
troublée à mefure qu'elle s'échauffoit ;
l'odeur de rouille fe diffipoit.

J'ai continué l'évaporation jufqu'à
ce que cette liqueur a été réduite à
environ quatre onces ; je n'ai apperçu
aucune pellicule, mais dans le fond du
vaiffeau un réfidu jaune ocreux.

Ayant pris de cette liqueur concentrée pour réitérer les mêmes expériences faites avec l'eau puifée à fa fource,
ni la poudre, ni la teinture de galle,
ni la rhubarbe, ni le bois d'Inde, n'ont
donné aucune couleur à cette liqueur
concentrée.

Le mercure diffous dans l'efprit de
nître, ni la diffolution d'argent, n'ont
rien produit.

J'ai continué fur un même feu d'évaporation le refte de notre liqueur concentrée jufqu'à ficcité ; au fond de la terrine s'eft trouvé un réfidu terreux, jaunâtre, fans aucun goût falin : ce réfidu pefoit dix-huit grains, ce qui fait par livres d'eau trois grains de matiere fixe.

De tous les acides, foit végétaux, foit minéraux, c'eft l'huile de vitriol qui a fait le plus d'effervefcence, & qui l'a pour ainfi dire toute diffoute. J'ai promené fur ce réfidu bien defféché l'acier aimanté ; il n'a attiré aucune particule de fer.

J'ai expofé au feu, dans un creufet, une affez grande quantité de ce réfidu, auquel j'ai ajouté une huile inflammable *, ayant tenu ce mêlange fur le feu jufqu'à ce que l'huile ait été réduite en charbon : j'ai pour-lors préfenté à ce mèlange l'acier aimanté, qui s'eft trouvé tout hériffé de particules de fer.

J'ai de nouveau expofé au grand feu, dans un même creufet, de ce réfidu avec le fluor noir, c'eft-à-dire le nître alkalifé avec le tartre & le borax : lorfque le tout a été affez long-

* L'huile d'olives.

tems tenu au dégré de fufion, j'ai re-
tiré le creufet que j'ai laiffé refroidir ;
j'ai verfé ce mêlange, je fuis non-
feulement parvenu à rendre au fer
fon phlogiftique attirable par l'aimant,
mais encore de lui rendre fa forme métallique.

Il réfulte de toutes ces expériences,
que ces eaux contiennent beaucoup
de fer très-atténué en parfaite diffolution, & une terre ocreufe, le tout
étendu dans le fluide aqueux.

Il fe préfente ici une difficulté qui
ne paroît pas d'abord aifée à réfoudre. Si la caufe de la chaleur des eaux
thermales eft la fermentation du mars
avec le foufre, où fe trouvent ces deux
principes, cette fermentation, & la chaleur qui en eft l'effet, devroient s'y
trouver. Or ils fe trouvent dans l'eau
ferrée & néanmoins ils n'y fermentent
pas. Je ne trouve point d'autre réponfe
à cette difficulté, que de fuppofer que
l'eau ferrée vient de bien plus loin que
l'eau thermale ; que, dans l'endroit où
elle s'imprègne des principes martiaux
& fulfureux, elle conçoit de la chaleur ; & que, fi on pouvoit la puifer
dans cet endroit-là, ce feroit de l'eau

thermale; mais qu'à mesure qu'elle s'en éloigne, la fermentation de ces principes diminue & s'anéantit; qu'enfin elle se refroidit peu-à-peu, & acquiert le degré qu'elle a lorsquelle sort de la terre; car, quoique les principes martiaux & sulfureux fermentent dès qu'ils sont mêlés dans l'eau, leur fermentation ne dure pas toujours. C'est ce que l'on remarque dans l'eau thermale, qui, tirée du bassin, se refroidit peu-à-peu, quoiqu'elle conserve le mars.

## ARTICLE VII.

### De l'Eau froide savoneuse.

L'eau savonneuse de Luxeuil étant renfermée dans les fondations du grand bâtiment des bains, dans les recherches que j'ai faites pour connoître ses principes, j'ai trouvé qu'elle contenoit quelques parties grasses & huileuses; par sa situation actuelle, la chaux qu'elle tient en dissolution, en plus grande quantité que les autres principes, me firent discontinuer l'analyse.

M. Morel, qui la fit évaporer, n'en tira, dit-il, ( dans ses Observations imprimés en 1756, ) que cinq grains de fel volatil par pinte : ce fel lui parut très-doux, fe fondant à l'air en fermentant légérement avec les acides.

Mon pere, dans fes Mémoires fur les Eaux favonneufes, dit : « Dans les » différentes évaporations que j'en ai » faites, j'ai trouvé huit grains de fel » par livre d'eau. Le fel eft très-âcre » au goût; il ne fond pas à l'air; il » contient du mars & des parties fulfu- » reufes : que cette eau eft onctueufe » & a le goût de favon; qu'il furnage » deffus une pellicule graffe, telle qu'on » en voit furnager fur l'eau de Plom- » bieres. »

Je ne doute pas qu'on ne lui ait reconnu tous ces principes avant la nouvelle conftruction des bains. Cette eau, fortant du rocher, étant à l'extérieur des bâtimens, n'étoit point fufceptible d'altération.

Il eft très-important d'en faire la recherche; &, fans beaucoup de dépenfe, on la rétablira.

Cette eau, en 1719, dans une épidémie dyffentérique, procura un remède fpécifique aux peuples des alentours de Luxeuil.

C

Les mêmes Mémoires difent que
cette eau eft merveilleufe dans les coliques d'eftomac, des reins, de la veffie, dont ils rapportent une grande
quantité de cures, & d'autres maladies
que je ne citerai pas ici.

## ARTICLE VIII.

### De la Nature & des Vertus des Eaux minérales.

Il eft rare qu'on trouve les fubftances qui font renfermées dans la terre,
ou plutôt qui la compofent, pures &
féparées les unes des autres. Il n'y a
prefque que l'or & l'argent qui fe pré-
fentent de cette façon ; les autres font
mêlées enfemble & altérées de différentes manieres : elles ne font cependant
pas confondues & placées au hafard ;
on y remarque un ordre affez conftant :
le mêlange des différentes fubftances
n'eft pas arbitraire, il eft foumis à des
loix conftantes. En pénétrant dans ce
vafte globe, le géométre naturalifte y
apperçoit un arrangement, une fymé-
trie, ou, pour mieux dire, une efpece
d'organifation admirable. En exami-
nant ces merveilles de la nature, nous
trouvons dans les eaux de Luxeuil dif-

férentes substances qui appartiennent au règne minéral : un sel semblable au sel marin, du soufre, une matiere ferrugineuse ou pyrite ferrugineuse, & un bitume.

## §. Ier.

Le sel qui est semblable, pour le goût, au sel marin, est très-probablement le sel qu'on nomme *gemme* ou *fossile*, que les eaux minérales rencontrent dans leur route, & dont elles s'impregnent, comme les eaux qu'on fait évaporer dans les salines de Franche-Comté & de Lorraine, pour en faire du sel commun. Ce sel est nommé *fossile*, parce qu'il est dans des mines souterraines ; & *gemme*, c'est-à-dire perle, parce qu'il a, par sa couleur & sa beauté, quelques ressemblance avec les perles. Comme il a beaucoup d'acides, il est incisif. En incisant, il atténue les humeurs, il les résout, il pénétre & lève les obstructions, il est par conséquent apéritif & laxatif ; & l'on voit déja l'effet qu'il doit produire fur des maladies provenant d'obstructions d'humeurs.

## §. II.

Le foufre eft une fubftance miné‑
rale, formée par l'union du phlogifti‑
que & de l'acide vitriolique fans phleg‑
me: la forme concréte fous laquelle
il eft attaché aux parois des baffins
des bains, eft une preuve de fon exif‑
tence; cependant, dans lé réfidu que
l'on tire de fes eaux, il eft entiére‑
ment décompofé par les matieres al‑
kalines, & uni au bitume diffous dans
fes eaux.

La folubilité du foufre ne peut pas
être appliquée à la chaleur de l'eau,
mais à l'alkali fixe. L'eau le tient dans
une fi parfaite diffolution, que la cha‑
leur refpective de fes eaux, en exhalant
fes vapeurs, en répand le volatil; d'où
vient l'odeur d'œuf pourri ou de foie
de foufre, que l'on fent le matin dans
les falles des bains, concentré par la
fraîcheur de la nuit, que le foleil à fon
lever diffipe. C'eft à cette qualité volatile
que l'on peut attribuer les merveilleux
effets de ces eaux, prifes en boiffon:
par exemple, dans l'afthme humoral,
produit par une lymphe vifqueufe qui
enduit les bronches. C'eft à regret que

je vois prodiguer cette eau. Au lieu
d'être bue à sa source & dans le moment qu'on la puise, on la transporte
au loin dans un verre, ou on la mêlange avec des eaux froides qui en font
perdre toute la qualité.

## §. III.

### *Du Fer ou Mars, & des Parties magné-*
### *tiques.*

Les principales vertus du fer sont
d'être apéritif & astringent. Il concourt,
avec les sels & le soufre contenus dans
les eaux, à guérir toutes sortes d'obstructions, avec cette différence qu'il
agit sur - tout sur la superficie des
membranes de l'estomac & des viscères, & que le sel & le soufre s'insinuent plus aisément dans les membranes, dans tous les vaisseaux & dans
toutes les liqueurs. Il rend aux fibres
trop relâchées leur tension naturelle &
leurs ressorts. Il resserre & dégonfle
peu-à-peu les vaisseaux dilatés & vari-
queux. On s'en sert avec succès contre la jaunisse, les pâles-couleurs, le
cours de ventre, le relâchement & la
foiblesse d'estomac & des boyaux, &

toutes sortes d'obstructions. Les eaux lui servent de véhicule dans les eaux minérales : sa teinture pénètre avec elle dans l'intérieur des vaisseaux ; &, par cet endroit le mars a beaucoup plus de vertu dans ces eaux qu'il n'en a étant pris séparément.

Les parties magnétiques different du fer qui est dans l'eau, en ce qu'elles sont mêlées de matieres étrangeres, & ont plus de masse & de pesanteur. Elles causent de grands frottemens sur les fibres des membranes, & entraînent, par leur poids, les matieres auxquelles elles s'attachent ; mais elles ne peuvent pénétrer dans l'intérieur des vaisseaux.

## §. IV.

### *Du Bitume.*

Le bitume contient une huile plus grossiere que le soufre, & plus propre à envelopper & à entraîner les acides grossiers qui se trouvent dans l'estomac & qui le tourmentent. Il y a aussi du sel volatil & du soufre exaltés. Il fortifie, résout & résiste à la putréfaction, nettoie & cicatrise les plaies. Ces vertus sont connues de tous les médecins ; ils sçavent combien elles font augmentées dans les eaux, par l'atténuation & l'élaboration de ce principe, & par son mélange avec les autres, comme je vais le dire dans le paragraphe suivant.

## §. V.

### *Combinaison & Elaboration de ces principes dans les Eaux.*

Quoique les principes pris séparément, & plus employés en nature, tels qu'on les tire des mines, aient de grandes vertus, néanmoins ils en ont de bien plus grandes dans les eaux, parce qu'étant agités, elles augmentent continuellement. Ils se dégagent des parties terrestres & autres qui sont mêlées, étant continuellement agités ; ils s'atténuent & se subtilisent ; étant amalgamés, ils se communiquent leurs vertus mutuelles, & corrigent ainsi ce qu'ils ont, les uns de trop âcre, & les autres de trop huileux ou gluant ; étant dans les eaux thermales, empreintes de la chaleur de l'eau, ils sont plus analogues au sang, au chyle, & aux autres liqueurs qu'ils doivent corriger & perfectionner. Toutes ces opé-

rations fe font fi parfaitement par la
nature, qu'il feroit impoffible à la chy-
mie la plus fçavante d'atteindre à leur
perfection : quelqu'attention & quelqu'habileté qu'ait un artifte, il ne peut
jamais empêcher que le feu & les menf-
trues ne caufent quelques altérations
dans les principes; c'eft pourquoi les
eaux minérales font incomparablement
plus efficaces pour les maladies auxquelles elles font propres, que les
meilleurs remèdes chymiques, &
n'ont pas les mêmes inconvéniens.

## CHAPITRE IV.

*Dè combien de manieres prend-on les*
*Eaux de Luxeuil ?*

ON les prend de cinq manieres; en
boiffon, dans les bains, en étuves,
par la douche, & en lavemens. Il n'y a
que les eaux thermales qu'on prend de
cinq manieres ; car on n'emploie jamais,
au moins feules les eaux ferrées ni favonneufes, pour bains, pour lavemens, &c. On ne les prend pures qu'en
boiffon, mais il eft peut-être quelquefois bon de les mêler aux eaux therma-

les, & fur-tout les favonneufes, en obfervant de donner à ces eaux froides un
degré de chaleur égal, ou à-peu-près
égal à celui des thermales.

## ARTICLE PREMIER.

### *De la Boiffon.*

La grande quantité d'eau minérale
que les médecins ordonnent en boiffon, pour la guérifon de certaines maladies rebelles qui ne cedent point
aux remèdes ordinaires, & le principal
effet qu'ils en efperent, eft le nettoie-
ment des vifceres : cet effet eft confidérable dans la plûpart des maladies
chroniques, qui viennent des obftructions des vifcères, que les eaux,
par leurs qualités & quantité, peuvent
réfoudre.

Il ne paroît pas que l'ufage intérieur des eaux foit auffi ancien que l'u-
fage extérieur ; les anciens auteurs de
médecine (a) ne parlent point de la
boiffon, mais beaucoup des bains : à
en juger par les monumens de leur
tems, on ne voit pas qu'ils euffent def-

_________________

(a) Diofcoride, Avicennes, Oribazius.

tiné les eaux minérales à la boiffon.
En 1763, lorfqu'on efcavoit les terres,
pour la conftruction du grand bâtiment
des bains actuels de Luxeuil, on dé-
couvrit deux grands baffins ; depuis,
on en a trouvé un troifieme dans l'em-
placement du bain des femmes : on
remarqua alors que quelques-unes de
ces eaux qui rempliffoient les baffins,
ne fortoient que du fond, & que les
autres n'étoient élevées qu'à la hau-
teur de ces baffins dans lefquels elles
tomboient.

C'eft donc aux auteurs modernes (a)
que nous fommes redevables d'un fi
grand remède.

Le tems le plus propre pour boire
les eaux, eft celui où les chaleurs fe font
fentir, fans néanmoins être affez fortes
pour caufer de grandes fueurs : quelquefois elles arrivent plutôt, quelquefois elles font plus tardives; car il y a
des années où les mois d'Avril & de
Mai font encore très-froids, & d'autres
où ils ne le font pas; fouvent même le
mois d'Août n'eft pas fort chaud, &

_______________

(a) Fallope, Baccius, Zimalius, Taber-
namontanus, Hoffmann.

d'autres fois le mois de Septembre l'eſt encore beaucoup. Ce qui doit donc déterminer, c'eſt le tems, en obſervant qu'il vaut mieux s'expoſer à reſſentir trop de chaleur qu'à éprouver du froid.

Cependant, dans un beſoin preſſant, on peut boire les eaux dans le fort de l'hiver, & même prendre les bains; mais il faut alors ſe tenir dans une chambre chaude, entretenir la chaleur des eaux, éviter avec ſoin de s'expoſer au froid.

On boit les eaux à jeun, le plus matin que l'on peut, après le ſoleil levé, afin qu'elles aient le tems de ſe diſtribuer dans les vaiſſeaux & de s'évacuer avant le dîner. Jamais on ne doit prévenir le lever du ſoleil quand on va boire aux fontaines, afin d'éviter la trop grande fraîcheur qui eſt contraire à leur action. Une attention dont on ne doit jamais s'écarter, c'eſt de ne boire que long-tems après le repas les eaux thermales, parce qu'elles font beaucoup plus d'effets lorſque la digeſtion eſt achevée. Il y a cependant de certains malades qui peuvent boire à leur dîner de l'eau ferrée au lieu d'eau commune, en la mêlant avec du vin. J'ai vu de très-bons effets de cette boisson ainsi mêlangée, dans plusieurs maladies.

Il n'est pas possible de régler en général la quantité que chaque malade doit boire d'eau minérale ; cela dépend de leur tempérament, de leurs forces & de leurs maladies, *Quod vitium est in excessu.*

On commence ordinairement par quatre ou cinq gobelets ; on met un intervalle d'un quart d'heure entre chaque gobelet, qui est ordinairement de cinq à six onces ; le lendemain & les jours suivans, on augmente d'un ou deux gobelets, & on va jusqu'à douze, quinze, & quelquefois dix-huit : quand on est resté quelques jours à dix-huit, on diminue de la même maniere qu'on a augmenté, & avec la même proportion. L'usage des bains & de la boisson des eaux est presque toujours de vingt-un jours. Il y a des interruptions que les médecins ordonnent pour que les malades puissent prendre d'autres remèdes, lorsqu'ils les jugent nécessaires.

Il paroît que cette méthode d'augmenter & de diminuer la boiffon des eaux par degrés, comme les autres exercices des bains, eft non-feulement fondé fur l'expérience, mais encore fur la raifon qui fe trouve appuyée du fentiment des plus grands maîtres de la médecine. Hippocrate (*a*) dit : *Nè magna fiat mutatio ;* Galien (*b*) : *In illis lentè procedi poteft ;* Oriba-fius (*c*) : *Paulatìm moram in balneo medicatarum aquarum augebat & fen-sìm minuebat.* Fallope (*d*) dit que, de fon tems, l'ufage de boire les eaux étoit d'augmenter peu-à-peu ; mais, parvenu à une certaine quantité, on continuoit fans diminution jufqu'à la fin du tems prefcrit. C'eft pour préve-nir les inconvéniens, que l'on eft obli-gé, dans l'augmentation comme dans la diminution, de boire par ordre, & par-là éviter les changemens fubits qui bleffent la nature. Par exemple, s'il arrrivoit que l'on vomît les eaux,

-----

(*a*) *De falubri Diœtâ.*
(*b*) *In medendi Methodo.*
(*c*) *Oribazius,* Liv. 10, Ch. XI.
(*d*) *Fallopius, in Tract. de Aq. & meth.* Ch. XI.

qu'elles excitaſſent des nauſées, & que le malade n'y fût pas ſujet, il ne fau‑droit pas pour cela diſcontinuer, mais chercher la cauſe, qui eſt quelquefois occaſionnée, ou parce que l'eſtomac ſe trouve ſurchargé du volume d'eau que l'on a pris, ou par la précipitation avec laquelle on a bu les eaux, ou par la quan‑tité ou la qualité des alimens que l'on a pris, ou parce que l'eſtomac ſe trouve embarraſſé par de mauvais ſucs. Dans le premier cas, il faut avoir la précaution de ne boire que quelques verres d'eau; dans le ſecond, de les boire lentement; dans le troiſieme, de ſe purger, ou de prendre, dans un verre d'eau, une priſe de quelques ſels, ſoit de Glauber, de Seignette, ou végétal. A Balaruc, à Wiſ‑bade, & dans d'autres endroits renom‑més pour les eaux minérales, on prend, le premier jour, dans le premier verre, quelque purgatif, comme une once de ſel de Seignette ou d'autres ſels ſemblables, &c. On en prend encore un dans le dernier verre le dernier jour. On n'a pas la coutume d'en uſer ainſi ni à Plombieres ni à Lu‑xeuil; je trouve néanmoins cette pra‑tique très-bonne, & j'en ai vu d'heu‑

reufes expériences : les eaux en paffent beaucoup mieux ; le purgatif étant dé-trempé , & d'ailleurs fort doux , ne peut pas caufer de fpafmes ou d'autres mauvais effets. Lorfqu'on en ufe ainfi, on peut, dès le premier jour , prendre une plus grande quantité d'eau, parce qu'il n'y a pas de danger qu'elle s'arrête dans l'eftomac & qu'elle le gonfle, étant entraînée par le purgatif.

On prend quelquefois les eaux pu-res, quelquefois mêlées avec du lait ; on les coupe auffi avec les autres eaux minérales , c'eft-à-dire qu'alternative-ment on boit un gobelet de l'une & un gobelet de l'autre.

L'expérience nous apprend qu'il eft plus avantageux de boire les eaux en fe promenant , que de les prendre au lit , à moins qu'on n'y foit retenu par maladie : on peut auffi les boire en chambre ; pour cela , on aura foin de tenir chaudement la bouteille.

Les eaux de Luxeuil, prifes en boiffon ne font point défagréables au goût ; elles n'excitent ni naufées, ni irritations aux fibres de l'eftomac : on ne leur fent ni la crudité ni la pefanteur de certaines eaux minérales ; elles donnent de l'appétit ; elles humectent & détergent la bouche, l'œsophage, l'estomac & les viscères ; elles délayent & divisent les humeurs grossieres & visqueuses ; elles adouciffent, & aident beaucoup à l'infensible tranfpiration, & par-là entretiennent la liberté des sécrétions : elles réuffiffent principalement dans les maladies de l'estomac, des reins & de la veffie.

Ce qu'on appelle une faison, fuffit pour quelques malades ; mais plus ordinairement il en faut deux, & quelquefois davantage.

Je connois des perfonnes qui ont été guéries de maladies chroniques fort enracinées dans l'efpace de deux faifons ; mais, qui quoique guéries, n'ont pas manqué de venir prendre les eaux chaque année, au commencement ou à la fin de l'été, & qui, par ce moyen, ont empêché le retour de ces maladies.

## ARTICLE II.

### Des Bains.

Les effets falutaires que produit l'ufage extérieur des eaux chaudes, ne font pas moins fenfibles que l'avantage

tage qui réfulte de fon ufage intérieur.

Dans les bains, elles décraffent la peau, en nettoient & défobftruent les pores; elles s'infinuent par leurs ouvertures dans les parties voifines, & de-là dans les autres; elles occafionnent & facilitent la tranfpiration, raniment les parties engourdies, ou par le froid, ou par des humeurs épaiffes, ou par d'autres caufes.

Pour éviter tous les inconvéniens que l'ufage immodéré, & le peu de précaution que l'on apporte au bain, peuvent produire, il eft prudent de fe laiffer conduire par quelques médecins.

On commence par boire les eaux pendant un jour ou deux, ce qui difpofe les premieres voies; après cela, on fe purge & on fe repofe le lendemain; le jour fuivant, on fe baigne dans les bains les plus doux, on y defcend doucement, on ne s'y plonge que jufqu'à l'eftomac, & on n'y demeure qu'une petite demi-heure.

Les jours fuivans, on s'y enfonce un peu plus avant, & on n'y refte qu'autant que les forces le permettent; ce qui fe connoît par la fueur qui

D

paroît au front & dans toute l'habitude du corps. *Non nulli eò usque solio immorandum autumant, donec sudor circà frontem apparere inciperit* (a).

Cependant il est prudent de n'y pas rester plus d'une heure : *Cum virium incolumitate.*

Le corps insensiblement accoutumé à tous les différens degrés de chaleur, on se baignera dans les bains les plus chauds, si la maladie le demande.

Quoique la grande chaleur convienne à certaines maladies, il est absolument nécessaire de s'y préparer par degrés; plusieurs personnes ont éprouvé de funestes effets en ne suivant pas cette méthode.

C'est pour avoir été spectateur des effets & du désordre que cette grande chaleur occasionne, dont la vue & le récit effrayent. La chaleur de ces eaux, supérieure à celle de l'homme dans son état naturel; le corps exposé à cette chaleur, jette les fibres dans un rétisme général; le sang, agité avec violence, éprouve une raréfaction qui distend

_______________

(a) *Gallienus, de tuend. sanitat.*

tous les organes, en augmentant leurs reſſorts : de-là les battemens continuels du cœur & des artères. Le genre nerveux, (cette partie ſi ſenſible) dont l'ébranlement & la trop grande tenſion excitent le fluide nerveux à ſe porter avec fougue vers les parties où les nerfs aboutiſſent, les fibres étant alors dans la plus grande rigidité & & dans un mouvement continuel, augmentent en raiſon par l'action réciproque des ſolides ſur les fluides, & des fluides ſur les ſolides : de-là les mouvemens convulſifs : de-là les délires, les inſomnies, &c. Auſſi Gallien, cet illuſtre légiſlateur de la médecine, l'avoit-il obſervé, lorſqu'il dit : *Quoniàm caliditas balnei ſubitanea cutem mordicat, mordicationem ſequitur horror vel rigor quidam, rigorem cutis contractio, contractionem mea tuum coanguſtatio* (a).

Tous les bains de Luxeuil ne conviennent donc pas à tous les malades ; c'eſt aux médecins à aſſigner à chacun celui qui lui convient ſelon ſes forces, ſon tempérament & la nature de ſa

_______________

(o) *Gallienus, de tuend. ſanitat.* Ch. VIII.

maladie. De quelle utilité n'eſt pas
celui des hommes, dont la douce chaleur & les principes balſamiques qu'il
réunit ſont ſi propres à délayer la lymphe
en en facilitant la circulation dans les
glandes engorgées, à procurer à la
partie membraneuſe & tendineuſe &
aux articulations, ce relâchement ſi
néceſſaire, lorſque la ſinovie eſt trop
viſqueuſe ou trop lente à circuler ! De-
là ces merveilleux effets dans les maladies de la peau, dans les affections
hyſtériques & hypocondriaques, en un
mot dans toutes affections ſpaſmodiques,
les coliques néphrétiques, les difficultés d'uriner, &c.

Le matin, depuis ſept à huit heures, paroît être le tems le plus commode pour prendre le bain, & immé-
diatement après avoir bû les eaux;
on peut même s'y mettre avant que
d'avoir bû les derniers gobelets, que
l'on boira dans le bain ſi l'on veut.

L'expérience ſemble ne pas admettre la pratique du bain du ſoir, les
baignans y trouvant moins de ſoula-
gement: d'ailleurs, elle eſt fondée ſur
des raiſons non moins ſolides; en été,
comme les chaleurs affoibliſſent le

corps, raréfient les liqueurs, augmentent la tranfpiration, on fupporte plus difficilement les fueurs qui furviennent au fortir de ces eaux, on eft plus expofé aux maladies inflammatoires ou putrides; il eft cependant des cas particuliers où ce bain eft d'un heureux fuccès, en fuivant un régime convenable, on peut le prendre avant le fouper, & jamais après; il en eft de même des étuves & de la douche.

On prend les bains en entier, c'eft-à-dire, qu'on fe plonge le corps dans le bain jufqu'au col inclufivement : quelquefois on ne prend que les demi-bains, c'eft-à-dire qu'on ne fe plonge dans l'eau que jufqu'à la partie inférieure de l'eftomac.

Ces demi-bains conviennent furtout aux perfonnes qui, ayant la poitrine & l'eftomac trop foibles, ne pourroient les prendre en entier fans s'expofer à différentes incommodités.

Au fortir du bain, il faut fe faire bien effuyer, changer de bonnet & de manteau de bain, fur-tout éviter l'air frais, qui cauferoit de grands dérangemens : du bain, on paffe dans un lit chaud pour fe repofer &

fuer légérement s'il y a difpofition & s'il eft néceffaire, en obfervant de ne pas trop diminuer les forces par les fueurs. J'ai vu des perfonnes qui, pour avoir négligé ces précautions, & être reftées à pieds nuds au fortir du bain, leurs font furvenues de grandes douleurs de tête; à d'autres, des coliques, des cours de ventre, des fluxions & différentes autres maladies.

## ARTICLE III.

### *Des Etuves.*

Les différentes efpeces de bains étoient fi connus des anciens peuples, fur-tout des Romains, ( comme on l'a vu à Luxeuil ) qu'ils ont cherché par-tout les moyens de fe les rendre commodes, non-feulement par les bains, mais par des étuves appellés par Vitruve (a), *concamerata fudatio*, ou *balneum laconicum*, parce que l'ufage, dit cet auteur, venoit de la Laconie.

On divife les étuves en naturelles & en artificielles : l'une & l'autre

_______________________

(a) Vitruve, Vopifque, Saumaife.

font conftruites de même : ce font des eaux extrêmement chaudes ramaffées dans un bain ; & à leur furface eft une grille dont les vapeurs des eaux, tenues dans une petite chambre conftruite de pierres formées en voûte ou plafond, n'y ayant pour ouverture que la porte, qu'on a foin de tenir fermée, & dans le deffus un trou d'un pouce & demi de diametre, pour y introduire, dans le befoin, un tuyau pour donner la douche. Telles font les étuves qui font dans les bains de Luxeuil.

Les malades, dit Lemaire (a), fe placent dans ces cabinets fur un fiége, la porte fermée. Ces malades doivent avoir un mouchoir ou une ferviette pliée en plufieurs doubles pour mettre devant le nez & la bouche, arrêter par-là les vapeurs chaudes, & tamifer, fi on peut le dire, l'air qui entre dans les poumons, où ces vapeurs chaudes, fi elles y entroient, cauferoient des difficultés de refpirer.

Le tems le plus commode pour prendre l'étuve, eft le matin après avoir

_______________

(a) Effai fur les Eaux de Plombieres.

bu, c'eſt-à-dire trois quarts d'heure après avoir bu le dernier gobelet ; ſans cette précaution, les eaux ne circuleroient pas aſſez de tems dans le ſang & ſe porteroient trop à la ſurface de la peau, ce qui rendroit la boiſſon inutile.

On ne doit prendre les étuves qu'après avoir été purgé, (*voyez* chapitre VII,) & avoir bu les eaux & baigné pendant cinq à ſix jours : continuer de boire, ſe baigner un jour, prendre l'étuve l'autre ; ainſi les perſonnes qui ſont d'une conſtitution délicate ou affoiblie par la maladie, ne ſeront pas ſi fatiguées. Cependant, ſi le malade ſe trouvoit incommodé, il faudroit en interrompre l'uſage pour quelques jours.

Lorſque la trop grande chaleur des étuves ( qu'on ne peut modérer) cauſe des palpitations de cœur, des battemens d'artères, des douleurs de tête, des conſtipations, inſomnies, ſueurs trop fortes, difficultés de reſpirer ; ſi quelques-uns de ces ſignes paroiſſoient, il faudroit ceſſer.

La méthode ordinaire de prendre les étuves eſt de commencer le premier jour par un quart d'heure : on augmente enfuite jufqu'à trois; il faut avoir foin de faire tenir quelqu'un à la porte, pour qu'au fortir de l'étuve, le malade puiffe changer de linge, de manteau de bain, de bonnet, & fe faire bien effuyer; après quoi il fe mettra dans un lit, non pas pour y fuer davantage, mais pour s'y repofer & faire frotter doucement avec des linges chauds les parties incommodés.

Les principaux effets qu'on attache aux étuves, font d'ouvrir les vaiffeaux de la peau, de ramollir les parties dures, & relâcher celles qui font roides & tendues; ce que l'on ne peut obtenir auffi efficacement par aucun autre moyen auffi connus que celui de la vapeur des eaux chaudes.

On ne doit pas s'imaginer que les étuves ne conviennent que dans le cas où il faut exciter puiffamment la fueur; fi l'on n'avoit que cet objet en vûe, la médecine nous fournit des moyens qui exciteroient, avec plus de force, la fueur. Ainfi les étuves de Luxeuil, fans avoir cette extrême chaleur, réuffiffent parfaitement dans la grande rigidité des fibres, fans être funeftes aux perfonnes dont la maladie ou le tempérament ne permettent pas d'exciter la fueur.

## ARTICLE IV.

### *De la Douche.*

La douche fait une impreffion beaucoup plus vive que le bain & l'étuve : on l'emploie, lorfque l'action du bain eft trop foible pour furmonter la maladie.

Il paroît, par les différens noms que la douche a portés, que fon ufage eft fort ancien. Les auteurs Grecs (a) l'ont appellée gouttiere, *ftillicidium;* les Arabes goutte, *guttam;* enfin les auteurs Italiens, douches, *de ducia.* Voici ce que dit Sebizius : *Eft enim aquæ mineralis à fublimi pluviæ inftar in caput aliam ve partem diftillatio.*

Les douches dont on fe fert à Luxeuil font des cuveaux plus ou moins élevés, remplis d'eau chaude, percés dans le fond, où eft attaché un tuyau ou robinet qui s'ouvre & fe ferme à volonté.

On peut auffi recevoir très-commo-

---

(a) Avicennes, André Bacius, Michel Sebizius.

dément la douche dans l'étuve avec les mêmes cuviers : les malades alors ne font pas exposés au contact immédiat de l'air qui peut venir ou des croifées ou des portes.

Les malades fe placent fous les tuyaux; & les doucheurs font tomber l'eau fur les parties incommodées, en promenant le pifton de maniere que le poids de l'eau ne touche pas toujours au même endroit, mais dans toute l'étendue de la partie affectée. Sans cette attention, on pourroit occafionner un trop grand relâchement aux fibres & aux vaiffeaux.

On ne doit pas oublier que, pendant la douche & même après, on fait des frictions fur les parties de bas en haut; les vaiffeaux ayant plus de diametre en ce fens, les liquides trop épaiffis ou en ftafe, les vaiffeaux de cette partie oblittérée. Les frictions faites de l'extrémité vers le cœur, font d'une très-grande utilité.

L'eau dont on fe fert pour la douche n'étant qu'au quarantieme degré, cette chaleur n'eft certainement pas capable de caufer aux fibres & aux vaiffeaux ni convulfions, ni crifpations, &c

encore moins l'épaiſſiſſement des liquides *, ſi dangereux dans les eaux
trop chaudes. Ce n'eſt donc point à
la grande chaleur des eaux qu'on peut
attribuer l'effet de la douche, mais à
ſon action & à l'eſpace proportionné
qu'elle parcourt en tombant ſur la partie à laquelle on l'applique.

On ne doit pas prendre la douche
ſans uſer des précautions indiquées à
l'article du Chapitre VII & à l'article
des bains.

Le matin eſt le tems le plus propre
pour la douche; on peut auſſi la prendre le ſoir. Il ne faut pas prendre
la douche le premier jour qu'on eſt
aux bains; il eſt même à propos de
baigner quatre à cinq fois auparavant:
les eaux, par leurs qualités émollientes,
donnent aux fibres trop tendues plus
de ſoupleſſe, les molécules retenues
dans les vaiſſeaux cédent mieux à l'action de l'eau.

Par les expériences de phyſique **,
nous ſçavons que la peſanteur des li-

---

* Boerrhaave, *Aphor. 96*, *edit. Lugd.*
*Batav.*

** Nollet, *Ph. exp.*

quides font en raifon compenfées de leurs hauteurs & de leurs volumes. L'action de la douche eft en raifon de l'élévation du tuyau; ainfi, plus le cuvier eft élevé, plus la douche acquiert de force. *Fortius illiditur validè, quæ imprimitur.*

On ne peut rien déterminer ni pour le tems qu'on doit recevoir la douche, ni la quantité des jours, relativement aux forces du malade & du tempérament. Fallope *, dans fon Traité des Eaux thermales, dit qu'on ne doit prendre la douche que douze ou quinze jours au plus. A Luxeuil, on ne la prend que durant cet efpace, & une feule fois par jour.

On fe baigne d'abord le premier jour pendant une demi heure ; enfuite on reçoit la douche l'efpace de quinze ou vingt minutes ; le fecond, vingt-cinq à trente minutes, ainfi fucceffivement jufqu'à trois quarts d'heure. La douche finie, on doit changer de bonnet, de manteau de bain, fe faire bien effuyer, puis fe repofer dans un lit.

* Fallop. *Tract. de therm.* cap. 13.

Jamais on ne doit recevoir la dou-che fur la tête, quoi qu'en aient dit quelques auteurs, ni fur la poitrine, ni fur le ventre, ni fur aucun vifcere, parce que ces parties font trop délicates pour foutenir fon impreffion.

On fe fert de la douche avec fuccès dans toutes les maladies où les humeurs font en ftafe, lorfque les vaiffeaux lymphatiques & fanguins font engorgés, que les pores fecrétoires ou excrétoires font obftrués, comme dans le rhumatifme, &c. & dans toutes les douleurs fixes, dans les douleurs des articulátions, tumeurs œdémateufes, fquirreufes, les ankilofes; dans tous les mouvemens fpafmodiques, crampes, tremblemens, & dans tous les cas où le fang circule trop lentement & avec inégalité, & fur les parties qui ont perdu leur reffort naturel, & jamais dans tous les cas où il y a inflammation ou difpofition inflammatoire, occafionnée par la partie rouge du fang.

## ARTICLE V.

*Des Lavemens & des Injections.*

Il paroît d'autant moins néceffaire

de s'arrêter fur l'article des lavemens, que leur ufage eft généralement connu ; cependant la renommée que ces eaux ont fur d'autres eaux minérales, fe trouve confirmée par la cure de plufieurs maladies.

Il n'y a que les eaux chaudes dont on fe fert pour cet effet, & jamais des autres eaux minérales feules, à moins qu'on ne les faffe chauffer & mêler avec les eaux chaudes ; ce qui fe fait rarement. Ces eaux prifes en lavemens, font non-feulement d'une très-grande utilité pendant l'ufage des eaux, mais font d'une néceffité abfolue dans la conftipation qui arrive fréquemment dans les exercices des bains ; elles peuvent même fuppléer aux befoins de la purgation, comme dans les vapeurs, chez les hypocondriaques ; elles humectent les inteftins, les rendent fouples, & produifent des évacuations plus douces que les purgatifs.

On a vu à Luxeuil des malades qui ont été guéris par les feuls lavemens. Ce qu'il y a de certain, c'eft que, de toutes les eaux qu'on emploie à ces remèdes, il n'y en a point de meilleures que celles de Luxeuil ; elles fe transportent fort loin: ce qui leur donne encore plus de célébrité, c'est que presque tous les malades qui vont à Plombieres, soit pour les bains, soit pour les eaux minérales, en envoient chercher pour cet usage.

On se sert encore avec succès des eaux chaudes en injections dans les tintemens & bourdonnemens d'oreilles, dans la surdité ; c'est ce que l'on appelle *otenchytæ*, & *metrenchitæ* : les injections qui se font dans les parties utérines de la matrice, détergent les humeurs glaireuses qui tapissent les membranes internes, rétablissent le ressort naturel à ces parties, & *uterum ad conceptionem faciunt habiliorem.*

## CHAPITRE V.

*Des Maladies auxquelles sont propres les Eaux thermales de Luxeuil.*

QUoique la connoissance des principes, qui sont contenus dans les eaux, suffise pour faire connoître à quelles maladies on peut les appliquer avec succès, néanmoins, pour un plus grand éclaircissement, j'entrerai dans

le détail de plusieurs maladies qui ne
résistent pas à leurs vertus, à moins
que les maladies ne soient parvenues
à un degré qui les rendent tout-à-fait
incurables, ou qu'elles ne soient com-
pliquées avec d'autres maladies qui
pourroient rendre l'usage des eaux
dangereux. On trouvera ici quelques répétitions au sujet de plusieurs maladies dont j'ai déja parlé en expliquant
les principes ; mais ces répétitions
m'ont parues nécessaires pour mettre
sous les yeux des lecteurs & sous un
même point de vue, toutes les maladies dont ces eaux peuvent procurer
ou la guérison ou le soulagement.

## ARTICLE PREMIER.

### *Des Indigestions.*

Les causes les plus ordinaires de ces
maladies, qui sont aujourd'hui si fréquentes, sont ou l'excès dans la quantité
de la nourriture que l'on prend, ou sa
qualité, ou la trop grande application,
ou le défaut d'exercice corporel.

L'excès dans la quantité du boire
& du manger, accable l'estomac,
le surcharge de matieres âcres, en

en corrompt les fucs nourriciers, & en détend les fibres. ( L'intempérance eft, felon les plus habiles médecins, la caufe la plus ordinaire fur-tout des maladies de l'eftomac. ) Un feul de ces excès fuffit quelquefois pour caufer une maladie aiguë & dangereufe; & les exemples de plufieurs perfonnes qu'un feul excès à conduites au tombeau, ne font pas rares.

Mais ces excès, fouvent répétés, produifent enfin un affoibliffement d'eftomac qui devient incapable de digérer les viandes les plus douces.

Ces viandes digérées à moitié s'aigriffent, excitent des vomiffemens, font fentir des douleurs vives, nonfeulement à l'eftomac, mais encore au dos, aux reins & aux vifceres. Elles produifent un mauvais chyle qui infecte le fang, & en corrompt peu-à-peu la maffe; ce mauvais chyle ne pouvant réparer les pertes qui fe font par la tranfpiration, le malade tombe peu-à-peu dans une grande foibleffe & dans la langueur, & finit quelquefois fes jours par l'hydropifie ou par la phthifie, quelquefois par une fiévre putride & inflammatoire.

La mauvaife qualité de la nourriture n'eft pas moins contraire à l'eftomac que l'excès dans la quantité : je
n'appelle pas mauvaife nourriture les
alimens groffiers, mais fimples, dont
fe nourriffent les gens de la campagne ;
tels que le pain bis , les légumes, les
fruits, le fromage & le lait, &c. Ces
alimens, lorfqu'on s'y accontume dès
l'enfance, font les plus propres à conferver la fanté & à prolonger la vie.

L'Anglois Parr , à l'âge de cent
cinquante-deux ans, n'avoit point eu
d'autres nourritures, jufques vers la fin
de fa vie, qu'il auroit probablement
prolongée davantage, comme le remarque fon hiftorien, fi, profitant des
fecours qu'on lui donna, il ne s'étoit
pas mis à boire de quelques liqueurs
fortes, & à manger des viandes délicates. Le docteur *Cheyne* * attribue la
longue-vie d'un pêcheur qui vécut plus
de cent foixante-neuf ans, à fa frugalité , aux alimens fimples & groffiers
dont il fe nourriffoit , & à fon travail.

---

* *Voyez* Cheyne , Anglois , fur la Santé
& fur les moyens de la conferver.

*Spofocword* attribue à la même cause l'âge incroyable de Kentigern, surnommé *Mongo* ou *Mongæ*, qui a donné son nom aux fameux puits de la province de Galles, & qui vécut cent quatre-vingt-cinq ans. On peut voir dans le livre du docteur Cheyne, plusieurs autres exemples de différentes personnes qui, en se nourrissant de légumes & autres alimens semblables, ont vécu, les uns plus de cent ans, & les autres plus de cent quarante. Les peres & meres rendroient un grand service à leurs enfans, si, dès leur bas âge, ils les accoutumoient à cette sorte de nourriture simple, qui leur formeroit des tempéramens robustes, & les préserveroit d'un grand nombre de maladies & d'infirmités.

J'appelle mauvaise nourriture celle qui est viciée par quelque corruption, ou par le mélange de quelques matieres indigestes & dangereuses : tel qu'est, par exemple, le pain fait de seigle ergoté, ou du blé germé, ou du grain mêlé avec l'ivraie, ou avec d'autres graines dangereuses ; & telles sont encore les viandes qui commencent à se corrompre, ou qui font apprêtées avec beaucoup d'épiceries relevées par des fauces de haut goût.

Tous ces alimens corrompent les fucs gaftriques, agiffent fur les membranes de l'eftomac, en dérangent les fibres, forment un mauvais chyle, produifent des glaires, irritent la bile, & caufent dans le fang & dans les humeurs tous les vices qui font les fuites de ce dérangement. C'eft ce qu'on conçoit aifément, pour les alimens corrompus ou mêlés de certaines graines ou autres matieres, que tout le monde regarde comme pernicieufes, & font néanmoins, ce qu'on a peine à croire, des mets apprêtés avec art, & qu'on a coutume de fervir fur les tables délicates.

C'eft pourquoi je crois devoir m'y arrêter un peu davantage, & en décrire les funeftes éffets, en copiant ce qu'en a écrit M. *Hunaud* *, médecin ordinaire du roi, docteur-régent de la faculté de médecine d'Angers, de

* *Hunaud*, Differtation fur les Vapeurs. A Paris, 1756. *Voyez* Mémoires de Trévoux de Juillet 1756.

l'académie royale des belles-lettres de la même ville , cité dans les *Mémoires de Trévoux :* « A force , dit-il , de fa-
» çonner nos viandes , & de les ren-
» dre succulentes , on les rend incapa-
» bles de fournir , par la digestion , ces
» extraits simples , ces sucs doux , ce
» chyle nourrissant , qui distribue dans
» toute la machine des matieres comme
» appropriées à son service , & prêtes
» à se métamorphoser au gré de ses be-
» soins. Le sang ne reçoit , pour se ré-
» parer , que des sels volatils trop âcres,
» & des sucs sulfureux trop inflamma-
» bles : il ne rapporte à l'estomac que
» des dissolvans trop exaltés & trop
» raréfiés pour opérer une bonne di-
» gestion : leur activité qui la précipite
» est trop absorbée & surmontée par la
» masse alimentaire. Cette digestion ne
» donne pour produit que des glaires
» compactes , gluantes & tenaces,
» dont le séjour dans les intestins rend
» le ventre paresseux : ce produit con-
» tracte les qualités des levains qui atta-
» quent les alimens , c'est-à-dire qu'il
» est plus ou moins glaireux , bilieux,
» pituiteux , selon que ces qualités do-
» minent plus ou moins dans les le-

» vains digeſtifs. » C'eſt ainſi, ſelon cet habile médecin, que les viandes qu'on regarde comme les plus exquiſes, ſont très-contraires à la digeſtion, & la cauſe de pluſieurs maladies de l'eſtomac.

La trop grande application eſt auſſi un obſtacle à la digeſtion. Elle épaiſſit les ſucs nourriciers & le ſang ; elle épuiſe & échauffe l'eſtomac ; elle l'affoiblit & le rend languiſſant. De-là vient que preſque toutes les perſonnes d'étude ſont valétudinaires : on ne ſçauroit trop leur recommander de modérer leur application, d'en régler le tems, de ne pas le prolonger, ſans une grande néceſſité, au-delà de deux heures de ſuite ; de n'y point employer la nuit & le tems du ſommeil, & d'interrompre leur travail par des promenades, des exercices modérés, & des converſations récréatives. Une vie trop ſédentaire, même ſans application, cauſe auſſi ſouvent des indigeſtions ; car le mouvement eſt néceſſaire pour entretenir dans ſon état naturel la circulation du ſang, & l'activité des liquides. Le mouvement ceſſant, le ſang ſe ralentit, les liquides perdent leurs for

ces; la trituration ne fe fait qu'impar-
faitement, & ne produit qu'un mauvais chyle; l'eſtomac s'affoiblit, & les
fibres perdent infenfiblement leur reffort. Un médecin doit donc recommander foigneufement l'exercice aux perfonnes d'étude, que leur profeſſion
oblige plus qu'aucun autre d'être fé-
dentaires, & aux perfonnes naturelle-
ment pefantes & pareffeufes. On peut
voir fur cet article le docteur Cheyne,
dans l'ouvrage que j'ai déja cité.

. Mais ce n'eſt pas affez de connoître
la caufe des indigeſtions, il en faut
trouver le remède. C'eſt une grande
erreur de croire qu'on le trouve dans
les liqueurs fpiritueufes, qui paroiffent
fortifier l'eſtomac, & qui lui communiquent en effet une vigueur paffagere,
mais qui ne font que de pallier &
mafquer le mal, l'aigrir & le rendre
incurable. Les purgatifs auxquels on a
fouvent recours, ôtent l'effet du mal,
mais n'attaquent pas le mal même; ils en
fortifient quelquefois la caufe.

. Les médecins habiles y appliquent
différens remèdes qui réuffiffent fouvent; & il y en a plufieurs dont les
cures font multipliées & connues; mais,
parmi

parmi les remèdes qu'on peut employer, il en eſt peu d'auſſi ſûrs que les eaux minérales de Luxeuil. Elles nettoient l'eſtomac des mauvais levains, des humeurs trop gluantes qui empêchent les fonctions ; elles abſorbent les aigres & les acides qui contribuent ſi fort à déranger les digeſtions ; elles fortifient les parties nerveuſes ; elles raréfient & purifient le ſang ; elles le rendent plus coulant, plus actif & plus balſamique. D'autres eaux minérales peuvent faire les mêmes effets ; mais il y en a de trop fortes qu'on doit éviter en pareil cas, parce qu'elles peuvent, par leurs actions violentes, exciter des ſpaſmes, & achever de détruire toutes les forces de l'eſtomac. Elles rompent même quelquefois ſes vaiſſeaux intérieurs, y font couler un ſang qui ſe corrompt ; ce qui ſe manifeſte, comme j'en ai été témoin, par des vomiſſemens noirs. Ces inconvéniens ne ſont pas à craindre dans les eaux thermales de Luxeuil, parce que leurs principes ſont ſi tempérés, qu'ils ne peuvent cauſer aucune altération violente dans les nerfs, & encore moins rompre des vaiſſeaux ; il eſt vrai

E

qu'elles agiſſent plus lentement, & qu'elles ne produiſent pas des effets auſſi prompts que le font les eaux plus vives ; telles, par exemple, que celles de Bourbonne ou de Balaruc. Mais leur effet n'en eſt pas moins certain : il eſt même plus durable ; &, s'ils ſe font attendre juſqu'après deux ſaiſons, & même plus long-tems, on n'a pas à craindre qu'il ſoit ſuivi de fâcheux accidens.

## ARTICLE II.

### Des Vapeurs.

M. *Hunaud*, dans la diſſertation que j'ai déja citée, définit les vapeurs, *la maladie très-fatiguante d'une perſonne qui ſe porte bien.* Cette définition ne s'accorde ni avec la vérité, ni avec les principes de ce docteur ; car il reconnoît avec raiſon, & il prouve que les indigeſtions ſont la cauſe la plus ordinaire des vapeurs. On peut même conclure des principes lumineux qu'il établit, qu'elles en ſont toujours la premiere cauſe ; car le défaut d'exercice & les autres cauſes ne produiſent les vapeurs qu'en dérangeant la digeſtion. Or, une perſonne qui a des indigeftions ne fe porte pas bien. *Ner-vofi morbi hâc die vocantur omnes ferè ægretudines anomale, & quæ typum nullum fervant, fed medicorum ratiocinia eludunt* (a).

Les vapeurs font donc une vraie maladie ? Pour s'en convaincre, il n'y a qu'à lire la differtation. Ce fçavant médecin donne la définition que je viens de rapporter dans l'indigeftion, comme il l'explique très-bien ; les alimens compofent une maffe aigre, gluante, épaiffe, glaireufe & pefante ; le fang ne reçoit que quelques gouttes de fucs nourriciers, dont une férofité acide eft le véhicule ; de-là, ces glaires & ces pituites d'eftomac, des inteftins, dont fe plaignent les vaporeux ; cette féchereffe qui les rend maigres, ou une graiffe molle qui les appefantit ; enfin une conftipation opiniâtre, & une crudité

___________________

(a) On appelle *vapeurs, maladies hyftériques, hypocondriaques*, des mouvemens irréguliers du genre nerveux, provenant de différentes maladies, ou de différentes caufes dont les fymptômes font fi impofans & fi variés, qu'il ne faut pas moins que la fagacité d'un médecin obfervateur pour les connoître & diftinguer des maladies de tout autre caractere.

qui fe manifefte dans la clarté & dans l’abondance des urines. Le fang, en recevant la férofité chargée de la partie glaireufe, s’épaiffit, fe coagule & s’englue ; fes parties volatiles fe dégagent ; montent à la tête, à la poitrine, au vifage ; fe répandent dans les veines, y portent une chaleur & un feu *petillant*, auquel fuccède fouvent un froid de glace. Le malade fent des embarras dans la tête, des inquiétudes & des douleurs vagues; &, fi ces douleurs deviennent fixes, elles en font plus piquantes, & caufent des palpitations qui fe diffipent auffi promptement qu’elles s’élevent, &c. Avoir recours dans tous ces cas aux liqueurs fortes, c’eft, dit cet auteur, allumer un incendie dont on ne peut fupporter la violence ; c’eft évidemment rendre la fituation du malade beaucoup plus fâcheufe : les purgatifs & les autres remèdes qu’on emploie, réuffiffent très-rarement ; enforte que fouvent on eft tenté de mettre cette maladie au nombre des incurables. Ce que j’ai dit ci-devant, en parlant des indigeftions,

---

* *Aph.* 41. §. 63.

fuffit pour faire connoître combien l'u-
fage des eaux minérales de Luxeuil eft
falutaire contre cette forte de maladie,
puifqu'elles en ôtent la caufe, en réta-
bliffant les digeftions.

## ARTICLE III.

### Le Défaut de la Tranfpiration.

Il y a deux fortes de tranfpirations ;
la fueur & la tranfpiration infenfible.
La premiere eft utile en plufieurs cas ;
& la feconde, toujours néceffaire. Elle
doit être continuelle; *Sanctorius* * én-
feigne que, toutes les fois qu'elle eft dérangée, la fanté en fouffre. C'eft la
plus abondante de toutes les évacuations. Le même auteur * prouve qu'elle
feule eft plus abondante que toutes
les autres. Il prétend qu'en général,
l'évacuation faite par la tranfpiration infenfible eft de cinq huitiemes de la
quantité de nourriture qu'on a prife,
c'eft-à-dire que, fi le manger & le boire,
par exemple, montent à huit livres, il en
fortira, par les voies de la tranfpiration,
la quantité de cinq livres. J'ai dit, en
général, parce qu'il y a exception à

---

* *Aph.* 41. §. 6.          ** *Aph.* 4. §. 1.

E iij

cette régle. Car, comme il le remarque lui-même *, la nature du pays, la faison, l'âge, les maladies, les alimens & d'autres chofes naturelles caufent quelques variations dans la tranfpiration infenfible. Mais ces exceptions n'empêchent pas que cette tranfpiration, lorfqu'elle eft libre, ne foit la plus abondante des évacuations. Elle fe fait par les pores qu'on peut regarder comme les vaiffeaux excrétoires des glandes de la peau. Ils ont un méchanifme qui a été très-bien expliqué par *Malpighi* : leurs fibres nerveufes ( car ils en ont de très-délicates, ) fervent à les ouvrir, pour faire paffer la matiere qui doit tranfpirer, à mefure qu'ils font preffés par cette matiere, ou dilatés par la chaleur, & à les former felon l'impreffion & détermination des caufes extérieures qui les refferrent, telle, par exemple, que le froid.

C'eft la férofité qui eft la matiere de la tranfpiration ; portée avec la maffe du fang vers l'habitude du corps, comme le remarque M. *Charles*, elle fort par les pores.

--------

* *Aph.* 7.

On voit affez quels défordres doit caufer cette matiere, lorfque les pores fe trouvent fermés, & qu'elle refte dans les vaiffeaux. Elle remplit, dit M. Charles*, infecte & gâte la maffe du fang, ou bien elle l'embarraffe, & empêche les humeurs de faire leur chemin. La matiere qui devoit tranfpirer eft âcre, dit *Sanctorius*, cité par le même auteur **. Le fang, continue-t-il, ne pouvant rompre ces barrieres, ne fait plus librement fa circulation, & la fanté s'en trouve très-intéreffée, ainfi que le remarque *Bergerus*. Lorfque le fang ne fe débarraffe plus de fes parties hétérogènes, fa circulation s'affoiblit; les mauvaifes humeurs s'amaffent, & les vifceres fe rempliffent; &, par conféquent, la fanté fe dérange. Si la matiere qui devoit tranfpirer eft âcre, dit *Sanctorius*, cité par le même auteur, elle engendre les fiévres & les éryfipèles; elle caufe des abcès, la cachexie, les diftillations ou catharres, qui donnent enfuite naiffance aux douleurs de rhu-

---

* Differtation fur les Eaux de Bourbonne, p. 268.
** *Ibid.*

matifme, de fcyatique ; en un mot, ajoute-t-il, il eft peu d'altération dans la fanté, qui ne vienne de la tranfpiration.

Bien des caufes peuvent contribuer à déranger, à diminuer & à retarder la tranfpiration infenfible, fi néceffaire à l'entretien de l'économie animale. *Sanctorius* les divife en *externes* & en *internes*. Les externes font celles qui peuvent ou remplir & boucher les pores, ou en refferrer les fibres. Le premier de ces obftacles vient des humeurs qui fe durciffent fur la fuperficie extérieure de la peau, ou dans les pores mêmes, & qui y forment une craffe ; c'eft ce qui a porté les peuples méridionaux, qui tranfpirent beaucoup, à fe laver fouvent le corps, & ce qui fait connoître l'utilité du confeil que donne le docteur *Cheyne* de fe frotter toujours le corps avec une vergette pour décraffer la peau, déboucher les pores, & en ranimer les fibres. Le froid, fur-tout durant la nuit, le ferein, les vapeurs humides, & fur-tout les marécageufes, un vent vif & un exercice violent, forment le fecond obftacle.

On peut rapporter toutes les caufes

internes à la mauvaife digeftion ; car , comme l'enfeigne *Sanctorius* , la tranf-piration devient difficile , à mefure que la digeftion fe fait difficilement. La férofité , épaiffie par une mauvaife digef-tion , ne peut plus paffer par les con-duits deftinés à la tranfpiration ; elle refte donc dans l'eftomac , dans les vif-ceres & dans le fang , & y caufe les dé-fordres dont je viens de parler.

Mais , quelles que foient les caufes qui empêchent la tranfpiration , il eft peu de lecteurs qui , fur ce que j'ai dit jufqu'ici , ne conçoivent d'abord combien les eaux thermales & ferrugi-neufes de Luxeuil ont de force pour y remédier. Dans les bains , elles lavent le corps ; débouchent les pores ; pé-nètrent , par ces ouvertures , dans les conduits des humeurs ; les délayent & les raréfient ; raniment les fibres des vaiffeaux & de la peau , & en rétablif-fent les refforts néceffaires pour faire circuler le fang & les humeurs ; en fé-parent le fuperflus & les parties grof-fieres , & les évacuent : prifes inté-rieurement , elles rétabliffent les digef-tions ; communiquent au chyle la flui-dité qui lui eft néceffaire ; fe mêlent

E v.

avec le sang, qu'elles rendent plus fluides, & rendent aux humeurs l'équilibre & la circulation que les épaississe-
mens, causés par les indigestions,
avoient dérangés. Quelquefois la douche est nécessaire; & c'est lorsque les
humeurs se sont trop durcies vers la
superficie de la peau, pour être enle-
vées par les bains; & lorsque les fibres
sont devenues trop séches & trop roides, pour être ramolies & relâchées
par la seule force de l'eau daus les mêmes bains.

## ARTICLE IV.

### *Des Crudités.*

Il y a, dit le docteur Anglois, deux
sortes de crudités, la crudité acide &
nidoreuse; l'une & l'autre sont l'effet
d'une mauvaise digestion. On les évacue par les vomissemens & par les purgatifs; mais ce n'est pas en ôter la cause.
Pour l'ôter, il faut guérir l'estomac, &
rétablir les digestions. Ces digestions
rétablies, les humeurs n'abonderont
plus en acides; & elles ne se corrompent plus. Je viens de faire voire combien les eaux de Luxeuil sont propres

à guérir les indigeſtions ; & l'expérience qu'on en fait toutes les années, le prouve encore mieux que tout ce que j'en pourrois dire.

## ARTICLE V.

### *Du Rhumatiſme.*

Le rhumatiſme eſt une maladie qui ſe fait ſentir en différentes parties du corps, & quelquefois dans tout le corps, accompagné de peſanteur, de difficulté de ſe mouvoir, & ſouvent de fiévres : elle conſiſte dans une extravaſation d'humeurs féreuſes, cauſées ou par une mauvaiſe digeſtion, ou par le défaut de tranſpiration. Lorſqu'elle affecte toutes les parties du corps, même les internes, c'eſt un rhumatiſme univerſel ; & , lorſqu'elle n'affecte que quelques-unes , c'eſt un rhumatiſme particulier : dans celui-ci, la douleur eſt vague, & quelquefois fixe, ſelon que l'humeur extravaſée ſe fixe dans quelque partie , ou qu'elle change de place. Dans l'un & dans l'autre rhumatiſmes, c'eſt-à-dire dans l'univerſel & dans le particulier , la douleur eſt quelquefois très-violente, & quelquefois moins, ſelon que l'humeur est plus ou moins altérée, plus ou moins âcre, & qu'elle picotte plus ou moins vivement les parties qu'elle attaque.

On distingue le rhumatisme en *rhumatisme chaud* & *rhumatisme froid*. Le premier vient d'une extravasation & débordemens d'humeurs bilieuses, âcres & faciles à s'enflammer ; le second vient d'une humeur acide, pituiteuse & froide.

Tout ce qui dérange la digestion & empêche la transpiration, peut être regardé comme une cause de rhumatisme. Tels sont 1°, le repos en un endroit froid, après un exercice violent ; car alors, comme le remarque *Sydenham* *, celui qui a fait un pareil exercice se trouve bientôt surpris, saisi, pénétré par le froid qui arrête tout-d'un-coup la transpiration, & l'humeur arrêtée se répand entre les fibres & les membranes communes des muscles, où elle forme le rhumatisme. 2°. Le vent du nord, quand on y demeure exposé trop long-tems ; car ce vent em-

---

* Sydenham, *Praxis medica. Cap. V*, p. 344.

pêche la tranſpiration, & arrête l'humeur près des pores. 3°. Les alimens
cruds, les liqueurs fortes, les vins nouveaux qui fermentent encore, les vins
gâtés, & généralement tout ce qui dérange la digeſtion.

Pour guérir le rhumatiſme, il faut
évacuer l'humeur extravaſé, & rétablir
la digeſtion & la tranſpiration. Les eaux
de Luxeuil ſont admirables pour produire ces effets. Dans les bains, elles
ouvrent les pores; &, s'inſinuant dans
la peau & dans les parties muſculeu-
ſes, elles délayent les humeurs extravaſées, les atténuent & en facilitent
l'évacuation : priſes intérieurement,
elles lavent, nettoyent, fortifient l'eſtomac, purifient le ſang, corrigent les
humeurs âcres, & rétabliſſent dans les
vaiſſeaux le ton & le reſſort néceſſaire
pour la circulation & la tranſpiration :
priſes en lavement, elles nettoyent de
même les boyaux; empêchent la fermentation des excrémens, & attirent
dans les inteſtins les humeurs trop
abondantes qui pourroient ſéjourner &
s'altérer dans l'eſtomac. Enfin, priſes
de ces trois manieres, dans le bain, en
boiſſon & en lavement, elles ôtent

& l'effet & la cauſe de cette maladie. On doit ordinairement ajouter la
douche aux bains, qui donne plus de
force & d'activité aux eaux, & fait
une plus forte impreſſion ſur les parties douloureuſes qu'elle agite & ra-
nime, ſur les pores qu'elle ouvre, &
ſur les humeurs qu'elle pénétrent &
qu'elle forcent de ſortir.

## ARTICLE VI.

### De la Sciatique.

La ſciatique, (*Ichias*,) eſt ainſi nom-
mée parce qu'elle a ſon ſiége dans
l'*iſchium*, où comme l'enſeigne *Ver-
heyen*, ſçavant anatomiſte, entre l'*iſchium* & l'os de la cuiſſe, & dans
les parties voiſines. Elle affecte ſur-tout
les jointures & les nerfs, auxquels il
faut attribuer les douleurs qui ſe font
ſentir dans les cuiſſes, dans les jambes
& dans les pieds. Cette maladie eſt
formée par des humeurs extravaſées
& épaiſſies, comme le rhumatiſme
avec lequel elle a beaucoup de reſ-
ſemblance. Ces humeurs ſont quelquefois ſi abondantes & ſi âcres, qu'en
preſſant vivement les parties affectées,

elles les refferrent, font fortir la tête
de l'os de fa cavité, & empêchent
qu'on ne puiffent l'y rétablir. Alors,
dit *Hippocrate* *, ces humeurs font des
glaires; tout ce qui peut ou arrêter
les humeurs dans ces parties, en em-
pêchant la tranfpiration, ou les deffé-
cher & les épaiffir, peut auffi produire
cette maladie; &, premiérement, on
la contraĉte, dit *Hippocrate*, lorfqu'on
fe tient expofé à une chaleur forte du
foleil, enforte qu'elle échauffe les cuif-
fes, & defféche l'humeur qui eft dans
les articulations. Secondement, le fang
épaiffi, ne pouvant circuler aifément,
eft arrêté dans fon cours, & fa partie
féreufe s'extravafe & s'épaiffit. Troifiémement, le grand froid, en arrê-
tant la tranfpiration, fur-tout s'il fuccède à une chaleur un peu vive ou
à la fueur, produit la maladie; de-là
vient qu'on eft communément plutôt
attaqué de cette maladie en hiver qu'en
été. Quatriémement, une grande humidité, fur-tout durant le fommeil,
lorfque les pores font ouverts, telle,
par exemple, que celle qu'on éprouve

---

* *Aph.* 59. §. 6.

quand on couche fur la terre, eſt une cauſe preſque toujours de la même maladie.

On peut guérir cette maladie par des topiques qui diſſolvent & attirent au dehors l'humeur qui la cauſe. Mais la compoſition de ces emplâtres n'eſt pas connue de tout le monde, & leur effet n'eſt pas toujours certain.

Les plus célèbres médecins ont reconnu la vertu des eaux minérales pour la guériſon de cette maladie, & M. *Charles* * dit que tous les ſuffrages ſe réuniſſent en faveur de ces eaux. Elles la préviennent, & la guériſſent; elles la préviennent en corrigeant les mauvaiſes digeſtions, d'où naiſſent les humeurs épaiſſes, âcres & viſqueuſes, & en facilitant la tranſpiration; elles la guériſſent, en délayant les humeurs extravaſées & en les évacuant : c'eſt ce que fait la boiſſon. Les bains facilitent encore cette évacuation, en ouvrant les pores, en décraſſant la peau & excitant une ſueur douce qu'on éprouve ordinairement au ſortir du

---

* Diſſertation ſur les Eaux de Bourbonne p. 307.

bain. Néanmoins, outre la boiſſon &
les bains, la douche eſt preſque toujours néceſſaire pour échauffer la peau,
la pénétrer, & diſſiper les humeurs froides, & achever ce que la boiſſon &
les bains ont commencé.

Il n'eſt pas inutile de ſe faire ſaigner
avant que de faire uſage des eaux, &
de réitérer enſuite une fois la ſaignée,
non au jarret, comme le prétendent
les Galéniſtes, ou au pied, mais au
bras oppoſé à l'endroit où l'on ſent
la douleur. La ſaignée, en diminuant
la maſſe du ſang, qui gonfle les vaiſſeaux, rend ſa circulation plus aiſée,
& l'aide à ſe dégager des parties hétérogènes qui l'alterent & dérangent ſes
excrétions & la digeſtion. M. *Charles*
conſeille de faire la ſaignée lorſque la
douleur eſt plus vive. Il faut au moins la
faire deux ou trois jours avant de commencer à faire uſage des eaux; on ſe ſert
auſſi avec avantage des ventouſes que
l'on peut ſe faire appliquer à la fin des
eaux : elles peuvent faire ſortir les parties
opiniâtres de l'humeur qui ſéjourne-
roient encore dans les parties affectées
de la maladie. C'eſt auſſi une bonne

---

† *Ibid.* p. 313.

pratique de se purger avant & après, une ou deux fois durant le cours de l'usage des eaux, & de préférer les remèdes hydragogues; mais il ne faut les prendre que lorsque la douleur est appaisée, & préférer les moins violens aux autres.

## ARTICLE VII.

### Des Vomissemens.

Le vomissement se fait par la contraction des fibres de l'estomac, du diaphragme & des muscles du bas-ventre, causée par des matiere âcres & piquantes, qui sont la preuve & l'effet d'une mauvaise digestion : le remède est indiqué par la cause du mal. Pour faire cesser le vomissement, il faut donc rétablir la digestion; & j'ai fait voir quelle étoit la vertu des eaux de Luxeuil pour opérer cet effet. Mais, avant que d'en faire usage, il faut y préparer l'estomac par quelques purgatifs proportionnés à ses forces actuelles & à ses besoins. Les vomitifs, s'il peut les supporter, sont préférables, parce qu'ils nettoyent mieux l'estomac, & le disposent beaucoup mieux à recevoir les impressions & à se préter à l'action des principes. *Hippocrate* les regardoit comme fi falutaires, qu'il confeilloit aux perfonnes qui fe portoient bien, mais qui étoient graffes & fraiches de s'en fervir trois fois le mois, & à celles qui étoient plus féches de s'en fervir deux fois. Ceux donc qui font fatigués par des vomiffemens fréquens, doivent, avant que de prendre les eaux, fe purger, & fur-tout par des vomitifs, & faire précéder la faignée pour rendre plus aifé & plus abondant l'effet du purgatif.

## ARTICLE VIII.

### *Des Vomiffemens noirs.*

De tous les vomiffemens, le plus dangereux eft celui qu'on appelle le *vomiffement noir. (vomitus niger.) Hippocrate (a)* qui en a parlé, décrit ainfi le fymptôme de cette maladie. 1° Celui qui en eft attaqué, rejette de la bile verte & putride, *bilem cum virore putridam.* La puanteur vient de cette humeur & du fang extravafé & corrompu dans l'eftomac ; 2° lorfqu'il vomit, il

________________________________

(a) *Hippocrate*, Livre II, *de Morb.* §. 71.

lui semble que le vomissement brûle son gosier & sa bouche, *Fauces & os à vomitu uruntur;* 3° il ne peut se passer de manger, à cause de sa grande foiblesse, qui l'expose à tout moment à tomber en défaillance, *Sine cibo esse nequit;* 4° s'il mange, il ne peut pas digérer la nourriture qu'il prend, son estomac étant remplis de bile & de sang corrompus; s'il ne mange pas, sa salive devient acide, *Ubi sine cibo manet, salivæ acidæ sunt;* 5° il sent à la poitrine & au dos, principalement à l'hipocondre gauche des douleurs aiguës, *Pectus dorsum & hypocondrium sinistrum veluti stilis pungi videntur.*

Enfin les vomissemens sont souvent noirs & puants. La noirceur vient du sang corrompu, & la puanteur en vient aussi, au moins en partie comme je l'ai dit ci-dessus *.

Cette maladie qu'on appelle la *maladie noire*, & qui est très-dangereuse, commence à se déclarer par une grande foiblesse qui augmente peu-à-peu, & anéanti presqu'entiérement les

---

* *Hippocrate,* Lib. II, *de Morb.* §. 71.

forces du malade, avant même qu'il éprouve le vomissement noir. Après le vomissement, la foiblesse augmente, & le malade y succombe, si le mal n'est pas emporté par de prompts remèdes.

L'efficacité des eaux de Luxeuil, dans cette cruelle maladie, même dans son plus grand paroxisme, a non-seulement procuré du soulagement, mais a entiérement guéris plusieurs à qui les remèdes qu'indique *Hippocrate* n'ont point réussi.

L'usage des eaux ferrugineuses est ici utilement conseillé ; la vertu qu'elles ont de réparer les sucs & de rétablir le ressort des fibres de l'estomac, d'adoucir & de délayer le sang, de faciliter la transpiration, & d'empêcher que le sang & les autres liqueurs ne s'extravasent, prouve leur utilité.

## ARTICLE IX.

### *Des Varices.*

Les varices font des gonflemens ou dilatations de veines & d'autres vaisseaux causées par la foiblesse des membranes, ou par la grossiéreté du sang &

des humeurs. Il s'en forme extérieure-
ment aux temples, aux vifceres; celles qui font dans l'eftomac, venant à
crever & à répandre dans ce vifcere
du fang qui y féjourne & fe corrompt,
caufent le vomiffement noir. Les eaux
ferrugineufes de Luxéuil étant aftrin-
gentes par le mars qu'elles renferment, font propres à fortifier les membranes affoiblies, & à refferrer peu-à-
peu les vaiffeaux, tant par les bains
que par la boiffon; elles fervent à corriger la vifcofité & groffiéreté du fang,
& en ôter la caufe qui eft fouvent produite par une mauvaife digeftion : on
fe fert encore contre le même mal, de
la poudre de mars qu'on peut mêler
avec de la crême de tartre, & de l'eau
empreinte de la teinture de la boule
vulnéraire; mais ces remèdes, qui font
très-bons, peuvent être employés d'a-
bord, & l'expérience en a fait fouvent
connoître l'utilité. Ils ne doivent pas
empêcher l'ufage des eaux de Luxéuil,
qu'on peut prendre après avoir employé ces remèdes, lefquels on peut
enfuite réitérer apres les avoir prifes.
La cure de cette forte de mal eft longue & difficile, & le malade ne doit

pas s'attendre à reffentir d'abord l'effet de ces eaux & de ces remèdes; mais il doit prendre les eaux plufieurs faifons : &, dans les intervalles, ufer tous les jours de la poudre de mars ou de la teinture de la boule vulnéraire. Ce n'eft que par l'ufage conftant & en quelque forte opiniâtre de ces remèdes, qu'il parviendra à une guérifon parfaite.

## ARTICLE X.

### De la Surabondance des Glaires.

Les glaires font néceffaires à l'eftomac, pour empêcher la trop vive impreffion que peuvent faire fur fes fibres les acides renfermés dans les alimens ; mais leur furabondance eft caufée par une mauvaife digeftion, qui engendre plufieurs maladies. On peut les évacuer par des vomitifs & par des purgatifs ; mais, fi on s'en tient là, il s'en forme toujours & c'eft toujours à recommencer : elles doivent même devenir plus abondantes, parce que l'altération que caufent dans l'eftomac les vomitifs & les purgatifs, l'affoiblit & rend la digeftion toujours difficile.

Lorſque la maladie de ce viſcere dépend du trop grand épaiſſiſſement de la lymphe dans ſes vaiſſeaux lymphatiques artériels pour la porter dans ſes veines, les eaux, par leurs chaleurs & leurs principes, agiſſent en faiſant circuler librement le ſuc lymphatique trop épaiſſi.

Ces eaux, dis-je, guériſſent les indiſpoſitions de l'eſtomac, même lorſque les vaiſſeaux de ce viſcere ſe trouvent relâchés & comme paralytiques.

Comme la tiſſure de l'eſtomac a beaucoup d'analogie avec les inteſtins, la même ſurabondance d'humeurs leur eſt nuiſible, ſoit par des fermentations vicieuſes qui s'excitent dans leurs cavités, ou des humeurs viſqueuſes qui tapiſſent leurs membranes internes, ou de leurs relâchemens, ou d'une lymphe trop épaiſſie.

Il faut attaquer la cauſe de ſes glaires, & réparer l'eſtomac; & c'eſt ce que j'ai démontré être un effet des eaux de Luxeuil.

## ARTICLE XI.

### *De l'Epanchement de la Bile.*

La bile, si nécessaire aux digestions & aux évacuations lorsqu'elle suit son cours ordinaire, devient trop nuisible lorsqu'elle s'épanche hors des canaux destinés à la distribuer; si elle remonte dans l'estomac, elle en picotte les fibres & les glandes, infecte les sucs gastriques, dérange totalement la digestion : de-là les crudités, vomissemens de glaires jaunâtres ou vertes, & quelquefois tirant sur le noir; les vents qui sentent la pourriture & infectent la bouche, la difficulté de respirer; les douleurs qu'on ressent dans l'estomac, & quelquefois au foie, à la rate & dans les autres visceres ; y cause des gonflemens & des obstructions : mêlée avec le sang, elle s'enflamme, s'épaissit : de-là une infinité de maladies aiguës ou chroniques, telles que la fiévre intermittente, la jaunisse, la mélancolie, la colique, la langueur, &c.

On y oppose avec succès les purgatifs & les dissolvans. Mais les pre-

F

miers, en évacuant la bile, n'en préviennent pas les nouveaux débords ; &, si on n'a pas recours à des remèdes, il faudra recommencer sans cesse les purgatifs, jusqu'à ce que l'estomac soit entiérement ruiné. Les fondans dissolvent la bile, mais n'ôtent pas toujours les obstructions qui l'empêchent de couler & de se filtrer. Les eaux de Luxeuil viennent au secours de ces remèdes : par le moyen de leurs principes les plus apéritifs & les plus subtils, elles s'insinuent dans les parties obstruées, les plus délicates & les plus petites comme dans les autres ; elles en entraînent peu-à-peu la matiere qui forme l'obstruction ; elles atténuent & delayent la bile & le sang ; elles font couler l'une & circuler l'autre ; elles facilitent les excrétions, fortifient les fibres, & rétablissent le mécanisme naturel dans toutes les parties où la bile l'avoit dérangé.

## ARTICLE XII.

### *De l'Ictère.*

L'ictère, maladie qui vient d'un engorgement de bile, trouve aussi son remède dans les eaux de Luxeuil, soit qu'elle soit causée par l'obstruction du canal cholidoque, ou par l'exaltation & l'abondance de la bile dans la masse du sang ; soit qu'elle vienne de la bile jaune mêlée avec les acides, laquelle forme l'ictère noirâtre. Il est vraï, comme l'enseigne *Nicolas Grim*, dans son *Compendium Medico-Chymicum* ; que l'esprit acide du sel ammoniac est un excellent remède contre ce mal, aussi-bien que d'autres que les habiles médecins ont coutume d'employer. Mais, ces remèdes eussent-ils eu tout l'effet qu'on en doit attendre, & le mal fût-il même entiérement guéri, je conseille-rois, nonobstant cet effet, l'usage des eaux de Luxeuil, non pour guérir une maladie que je suppose déja guérie, mais pour en prévenir le retour.

## ARTICLE XIII.

### *De la Constipation & du Flux de Ventre.*

La constipation & le flux de ventre, quoique extrêmement opposés, trouvent un remède commun & très-effi-cace pour les guérir l'un & l'autre dans les eaux de Luxeuil. Le remède le plus ordinaire qu'on emploie contre la conftipation, ce font les lavemens. On convient, & une expérience conftante prouve la vertu des eaux de Luxeuil prifes en lavemens. On en eft fi convaincu, qu'on en tranfporte en différens endroits, & même dans ceux où il y a des eaux minérales d'une qualité affez femblable à celles de Luxeuil, par exemple, à Plombieres. D'ailleurs, la conftipation étant caufée par la trop grande chaleur, ou par la féchereffe & la pareffe des entrailles, l'eau ferrée, en les rafraîchiffant, l'eau thermale, en les ranimant & excitant, & l'eau favonneufe, en les adouciffant & en les oignant, ôtent la caufe du mal.

Le flux de ventre eft caufé ou par la foibleffe de l'eftomac & des vifceres, ou par des corps étrangers qui les picottent, & les forcent à précipiter les évacuations. J'ai déja fait voir que les eaux de Luxeuil fortifient l'eftomac; on fent affez combien elles font propres à dégager les vifceres des corps qui les picottent, & par conféquent combien elles font falutaires pour arrêter le flux de ventre,

# ARTICLE XIV.

## *De l'Apoplexie.*

L'apoplexie eſt une des maladies qui ſont devenues plus communes dans notre ſiécle, qu'elles ne l'ont été dans aucun autre, en même tems, une des plus terribles, & qui doit engager tout le monde à en éviter les cauſes & à les prévenir. Trois ſortes de perſonnes en ſont menacées ; ceux qui font des excès à la table, ceux qui croupiſſent dans la pareſſe & s'engraiſſent dans l'oiſiveté, ceux qui s'appliquent trop fortement à l'étude. Dans les premiers, la qualité & la quantité des alimens affoibliſſent & affaiſſent les organes ; &, ces organes affoiblies & affaiſſées ne pouvant plus tranſmettre les eſprits dans une quantité ſuffiſante, les fonctions animales ſe font de jour en jour plus difficilement ; &, ceſſant enfin & preſque entiérement, enſorte que les ſéroſités & le ſang, ne recevant plus des organes le mouvement qui les fait circuler, s'épanchent, gonflent les vaiſſeaux du cerveau, en arrêtent les mouvemens, & forment l'apoplexie. Dans

les mêmes, les vins forts & les liqueurs
fpiritueufes, en augmentant le mouvement des efprits, les difpofent à fe dif-
fiper, & en empêchent la diftribution
convenable dans les nerfs & dans le
cerveau; d'où naît infailliblement l'a-
poplexie. Dans les feconds, les humeurs
& le fang s'épaiffiffent; & on en a vu
quelques-uns dans lefquels ils fe coagu-
loient, fe fixoient en partie; enforté
que les parties coagulées & fixées em-
pêchoient le cours des autres, & en
caufoient le débordement qui produit
l'apoplexie: mais, lorfque l'épaiffiffement ne va pas jufqu'à une pareille
coagulation, il ne laiffe pas d'arrêter
le cours du fang & des humeurs, &
d'en occafionner l'épanchement. Dans
les gens de lettres, plufieurs caufes con-
courent à produire cette maladie, dont
leur tempérance & la vie réglée qu'ils
menent devroient les exempter. Je ne
peux pas mieux en expofer les caufes,
qu'en copiant ce qu'en a écrit M. *Charles*
dans fa belle Differtation fur les Eaux
de Bourbonne, page 118. Il met à la
tête la vie fédentaire; & il appuie fon
fentiment de l'expérience, qui montre
que les *villageois & les gens de tra-*

vail *font rarement attaqués de l'apoplexie.* « D'ailleurs, dit-il, les foins &
» les inquiétudes, dont les gens de let-
» tres fe trouvent fouvent accablés, font
» une nouvelle difpofition à l'apople-
» xie, ainfi que l'air pefant d'un cabi-
» net, la fumée du fuif où d'une huile
» épaiffe, ou même des bougies que
» l'on refpire néceffairement, qui rem-
» plit la tête & la poitrine, qui engour-
» dit les nerfs, qui appefantit les efprits,
» & difpofe par conféquent à l'apople-
» xie. Ajoutez à toutes ces caufes l'é-
» tude pouffée trop avant dans la nuit,
» & trop proche du repas ; car, dans
» ces derniers cas, les efprits étant re-
» tenus dans le cerveau, la digeftion
» eft privée d'un fecours très-utile, pour
» ne pas dire néceffaire. »

Il eft certain que ni les eaux de Luxeuil, ni aucune autre eau minérale
ne peut guérir l'apoplexie au moment
de l'attaque ; il faut y employer des remèdes prompts, d'une grande activité,
& qui faffent de grandes évacuations.
On doit bien prendre garde de n'y faire
entrer ni l'*opium*, ni rien d'aftringent,
parce que l'*opium*, dont le propre eft
d'affoupir, feroit un obftacle au retour

du sentiment dont prive l'apoplexie, &
que les astringens empêcheroient les
évacuations.

Mais les eaux minérales servent à
prévenir l'attaque, & à en dissipper les
suites, lorsque l'estomac est affoibli,
que les humeurs & le sang sont épaissis,
que les obstructions en empêchent le
libre passage par les canaux où ils rou-
lent, & les excrétions. Les eaux de Luxeuil sont admirables pour corriger ces
dispositions à l'apoplexie, ainsi qu'il
résulte de tout ce que j'ai dit ci-dessus ;
mais seulement après l'attaque, pour
en empêcher le retour, & en détruire
le reste. Il faut distinguer, avec *Hippocrate*, deux sortes d'apoplexie, la forte
& la foible. La forte ayant ordinairement des symptômes plus difficiles à
dissiper entiérement, je conseillerois,
en ce cas, l'usage de quelques eaux plus
fortes & plus chargées de principes, plus
abondans & plus actifs que les eaux de
Luxeuil ; telles que sont celles de Bourbonne & de Balaruc ; & , pour l'effet
de l'apoplexie foible, je préférerois les
eaux de Luxeuil, qui entraîneroient
avec plus de douceur ces restes, & causeroient moins d'ébranlement dans le

corps : c'eſt au médecin à déterminer le choix des eaux qui doivent être préférées ſelon l'état du malade. *Voyez* ce qui va être dit de la paralyſie.

## ARTICLE XV.

### *De la Paralyſie.*

Une des ſuites les plus ordinaires de l'apoplexie, c'eſt la paralyſie, qui ſe forme par le dépôt de l'humeur apoplectique ſur quelques parties du corps. Cette humeur engourdit la partie qu'elle affecte, en ferme l'entrée aux eſprits animaux, y éteint tantôt le mouvement, tantôt le ſentiment, & quelquefois l'un & l'autre. Si elle fait ce dernier effet, c'eſt ce qu'on appelle une paralyſie parfaite ; mais ſi elle ne fait que l'un des deux, c'eſt-à-dire, ſi elle n'éteint que le mouvement ou le ſentiment, c'eſt ce qu'on appelle une paralyſie imparfaite.

Il y a une paralyſie univerſelle & particuliere, une intérieure & une extérieure. L'univerſelle, qu'on nomme auſſi *paraphlégie*, eſt où toutes les parties au-deſſous de la tête ſont deſtituées de ſentimens & de mouvement ; je dis toutes les parties au-deſſous de la tête ; car, ſi la tête elle-même étoit priſe, & qu'on admît la définition de M. *Charles* *, qui dit *que la paralyſie univerſelle eſt celle où tous les ſens extérieurs & tous les mouvemens volontaires ſont abolis*, cette eſpece de paralyſie ne différeroit point de l'apoplexie , & cét habile médecin en convient. La paralyſie particuliere eſt celle qui n'affecte qu'une partie du corps, comme le bras, la jambe, la langue, &c. Si elle ſe répand ſur tout un côté, c'eſt ce qu'on appelle en terme de médecine *hémiplégie*. La paralyſie intérieure eſt celle qui attaque les parties intérieures, comme l'eſtomac, les ſphincters, les inteſtins ; ſi elle va juſqu'au cœur, elle cauſe une mort ſubite ; & l'extérieure eſt celle qui attaque les parties extérieures, comme les bras, le côté, &c. Quelquefois ces parties ne ſont qu'engourdies, & cet engourdiſſement eſt ce que nous appellons *ſtupor*.

La paralyſie n'eſt pas toujours l'effet

---

* Diſſertation ſur les Eaux de Bourbonne; page 171.

de l'apoplexie, elle eſt ſouvent produite par d'autres cauſes. Ces cauſes
ſont toutes celles qui forment des obſtructions ou des compreſſions de nerfs,
aſſez fortes pour intercepter le cours
des eſprits animaux, & en empêcher
la diſtribution. Une des principales,
ſelon *Hippocrate*, ce ſont les humeurs
crues & froides ; par conſéquent, tout
ce qui produit des crudités diſpoſe de
loin à la paralyſie. L'uſage des liqueurs
fortes, l'excès du vin & d'autres boiſ-
ſons ſpiritueuſes, des ragoûts trop épi-
cés, les fruits verds & âcres, des alimens
trop humides, ſont de ce nombre. La
vie ſédentaire, les chagrins, le défaut
de tranſpiration, cauſent des dérangemens qui diſpoſent à la même maladie,
auſſi-bien que les violentes paſſions
qui épuiſent, par leur violence, les
eſprits animaux.

La médecine fournit pluſieurs remèdes contre cette maladie. Dans les
commencemens du mal, la ſaignée eſt
utile ; mais elle eſt dangereuſe, lorſque le mal eſt formé depuis long-tems ;
parce qu'alors le malade, déja épuiſé,
ne peut ſouffrir une pareille évacua-

tion, à moins qu'il n'y ait pléthore, c'eſt-
à dire une grande abondance de ſang,
auquel cas on doit ordonner une ſaignée ſans crainte de l'affoiblir. Il y a
des remèdes que l'on fait prendre inté-
rieurement aux paralytiques ; & il y
en a qu'on leur applique extérieure-
ment. Parmi les premiers, les ſudorifiques paroiſſent les plus efficaces ; &
on a vu, par expérience, qu'ils ont
ſurmonté cette maladie, dans des ſu-
jets qui avoient employé inutilement
tous les autres remèdes indiqués par
les plus habiles médecins. C'eſt que la
ſueur évacue les humeurs qui obſtruent
les nerfs & les membranes, & qui empêchent le cours des eſprits animaux.
Mais il faut que ces ſudorifiques ſoient
tempérés ; car, s'ils étoient trop violens, non-ſeulement ils produiroient
les mêmes effets que la ſaignée dont
je viens de parler, en affoibliſſant &
épuiſant le malade, mais ils emporte-
roient encore la plus grande partie de
la ſéroſité du ſang, & le réduiroient
à une matiere épaiſſe & groſſiere ; ils
en rallentiroient la circulation ; & ils
augmenteroient les obſtructions des

nerfs & les extravafations des humeurs, &, par conféquent, le mal qui en eft la fuite.

Lorfque le malade eft furchargé d'humeurs dans les premieres voies, on lui ordonne les purgatifs, & même l'émétique : c'eft au médecin à régler la qualité & la dofe de ces purgatifs, & de les proportionner aux forces & au befoin du malade.

A ces remèdes intérieurs, on peut joindre les topiques, & faire au malade des frictions. Il y a différens baumes compofés d'herbes céphaliques, qui font néceffaires pour faire des linimens, & qui font connus des médecins. La graiffe de blaireaux, d'autruche, de renard, d'oie, de chat, & fur-tout de chat fauvage, corrigée furtout par des huiles réfolutives, ou par des décoctions d'herbes aromatiques, ont à-peu-près la même vertu que ces fortes de baumes. Je n'entre pas dans un plus grand détail des remèdes dont fe fervent avec fuccès les plus habiles médecins, mon deffein n'étant pas de leur donner des inftructions dont ils n'ont pas befoin ; mais feulement de faire connoître à mes lecteurs l'utilité des eaux qui font l'objet de ce livre.

Pour revenir donc à cet objet, je fuis perfuadé, & l'expérience m'en a convaincu, que, de tous les remèdes qu'on peut employer contre la paralyfie, l'ufage des eaux de Luxeuil eft en même tems le plus doux & un des plus infaillibles.

Il faut, dans le cas de cette maladie, en faire ufage de trois manieres, c'eft-à-dire en les buvant, & en prenant les bains & la douche. Lorfqu'on boit, elles délayent les humeurs qui font répandues, & qui fermentent dans les premieres voies; elles les évacuent; elles lavent & fortifient ces voies; elles paffent dans le fang, le rendent plus fluide en réparant la férofité, & circulent avec lui.

Dans le bain, elles pénètrent doucement la peau, en ouvrent les pores, & fe mêlent aux humeurs qui obftruent les nerfs, les divifent & les font fortir par la tranfpiration, & affez fouvent par les fueurs qui viennent quelquefois dans le bain, mais plus fouvent après le bain, dans les lits préparés, où les malades entrent au fortir du bain.

Dans la douche, elles agiſſent avec plus de force que dans le bain , & ouvrent des pores qui avoient réſiſté aux bains.

Les humeurs étant délayées & évacuées, les eſprits animaux reprennent leur cours ordinaire ; les nerfs ſe raniment & recouvrent leur élaſticité ; & c'eſt ainſi que reviennent le mouvement & le ſentiment ſupprimés par la force du mal.

Ce n'eſt pas toujours à une premiere ſaiſon que le malade en guérit ; car les eaux de Luxeuil agiſſent lentement ; il eſt ordinairement néceſſaire de les prendre au moins deux ſaiſons. Ce n'eſt même quelquefois qu'après pluſieurs ſaiſons que la guériſon eſt parfaite ; mais, en agiſſant lentement, elles imitent la nature ; elles n'alterent point les organes, comme font les eaux plus violentes , qui ſouvent, en guériſſant un mal, en font naître un autre quelquefois plus dangereux , & même préparent le rètour du même mal , par les ébranlemens qu'elles cauſent dans le corps.

## Article XVI.

### *Du Dégoût.*

Quoique l'indigestion ne cause pas toujours le dégoût, & qu'il y ait des personnes qui allient une faim canine à des vomissemens journaliers, le dégoût est toujours un effet de l'indigestion:

## Article XVII.

### *Du Scorbut.*

Cette maladie se contracte le plus ordinairement sur la mer; mais elle se forme aussi sur la terre, quoique moins fréquemment. M. *Lind*, membre du collége royal de médecine d'Edimbourg, en a fait un traité dans lequel il en marque fort distinctement & dans un grand détail les diagnostics, dans l'ordre dans lequel ils se présentent. Le visage pâle & bouffi, une couleur verdâtre sur les caroncules lacrymales & sur les lèvres; une lassitude universelle, une difficulté de respirer, une grande foiblesse aux genoux, des gencives livides, puantes, molles & fongueuses; des taches sur l'épiderme, jaunes sur les bords, pourprées vers le milieu, & qui finiffent quelquefois au centre par un point noir, font les effets les plus ordinaires & les fignes de cette maladie. Si elle produit des ulceres, ils fourniffent, au lieu de pus, une matiere fanieufe, tenace & fétide, qui n'eft autre chofe qu'un fang corrompu.

Sans entrer dans un plus grand détail de la doctrine contenue dans cet excellent traité, il me fuffit pour mon deffein, de remarquer ici que ce médecin célèbre met les eaux minérales, légérement ferrugineufes, au rang des remèdes qu'on peut employer contre cette maladie dangereufe ; elles favorifent, dit-il, le rétabliffement des malades, après même un grand épuifement caufé par des hémorragies & par des évacuations colliquatives.

Ne diroit-on pas que, par ces mots *eaux minérales légérement ferrugineufes*, il ait voulu défigner les eaux de Luxeuil, auxquelles cette définition convient parfaitement ? Je dois néanmoins avertir les fcorbutiques que, pour arriver fûrement à une parfaite guérifon, ils doivent joindre aux eaux minérales les autres remèdes preſcrits par M. *Lind*, comme, par exemple, les végétaux anti-ſcorbutiques, & ſuivre les avis de quelque habile médecin qui faſſe l'application convenable de ces remèdes. Car, comme l'a enſeigné *Boerhaave** dans ſes Aphoriſmes, la guériſon du ſcorbut eſt le chef-d'œuvre de l'art ; elle demande donc une main habile pour l'opérer.

## ARTICLE XVIII.

### De l'Aſthme.

Comme l'aſthme s'engendre d'une abondance de ſéroſités groſſieres & gluantes, qui embarraſſent les véſicules du poumon & rétréciſſent les conduits de l'air, ou d'un ſang épais & viſqueux, qui cauſe une palpitation dans le cœur ; les eaux minérales de Luxeuil ayant la vertu d'atténuer & diviſer le ſang & les autres liqueurs qui ſont dans le corps, elles ne peuvent qu'être très-utiles aux aſthmatiques.

---

* *Boerrhaave*, aphoriſme 1158, p. 218, édition troiſieme. *Lugd. Batav.*

## ARTICLE XIX.

### *De la Mollesse des Os.*

La mollesse des os est plutôt un défaut de nature qu'une vraie maladie ; c'est un défaut assez rare , mais dont on a néanmoins des exemples. *Hippocrate* * fait mention d'un enfant né sans os, & qui étoit tout rond ; & *Hollier* * * fait mention d'une femme qui paroissoit sans os , parce que tout son corps étoit mollasse. Il n'y a peut-être point d'autre remède aussi bon , pour corriger ce défaut, que les eaux minérales. L'épreuve en a été faite sur un soldat , dont la cure est expliquée par *Fernel.* Il avoit les os aussi moux que de la cire ; & ils furent raffermis par l'usage d'une eau minérale , & telle que l'eau thermale de Luxeuil.

## ARTICLE XX.

### *Des Fleurs - Blanches.*

Parmi le nombre prodigieux de ma-

---

* *Epid.* L. 2. 9. 83.
** Hollier , *in Observ.*

ladies qui affligent principalement les femmes, les fleurs-blanches font celles qui les incommodent le plus. Cette maladie, occasionné par la sécrétion d'une humeur impure dans la matrice, soit séreuse, ou lymphatique, gluante, visqueuse, pour l'ordinaire blanche, quelquefois verte ou jaune, dont l'âcreté excite de très-grandes cuissons; aux unes, sans odeur; à d'autres, d'une odeur très-fétide.

La vie oisive & sédentaire que menent la plûpart des femmes des villes, leurs goûts pour les alimens cruds, pâteux, indigestes & acides; en un mot, tout ce qui produit un chyle glutineux, l'abus des liqueurs spiritueuses, du thé, café, chocolat, font les principales causes d'une mauvaise digestion, de l'épaississement du sang, ou d'un vice local, qui, en portant atteinte à ce viscere consacré à la conservation des hommes, en détruit l'organisation.

Lorsque les pertes blanches font occasionnées par un vice des humeurs, on ressent une chaleur dans tout le corps, des inquiétudes, un mal-aise, un chagrin continuel, des tristesses auxquelles succedent la frayeur, des picottemens, un fommeil continuel, les yeux bouffis, &c.

Il arrive très-fouvent que cet écoulement provient d'un vice de la matrice , foit par un accouchement laborieux, ou des tumeurs, des ulceres, des obftructions.

Quelle que foit la caufe des fleurs-blanches, elles font toujours contre nature. Dans le commencement de cette maladie, elles n'évacuent pour l'ordinaire que quelques matieres féreufes & étrangeres au fang; elles ne tardent pas à mettre de la partie les autres liquides ; j'entends la lymphe, cette portion blanche, dont le principe doux & balfamique, deftiné à la nourriture du genre nerveux : cette lymphe une fois corrompue infecte la maffe du fang; de-là, les flux immodérés, les fuppreffions ; les pâles-couleurs, la ftérilité , les obftructions dans les vifceres du bas-ventre , le défaut de fécrétions; de-là, les foibleffes, la maigreur, les douleurs de reins, les palpitations de cœur, les vapeurs, des fpafmes, des mouvemens convulfifs, la refpiration gênée, les fuppreffions d'urine, &c. Tels font les fymptômes de cette maladie, dont les effets font auſſi variés & effrayans que les cauſes qui les produiſent.

Il n'y a point de maladie où il y ait tant de ſpécifiques, où les remèdes ſoient plus diverſifiés, cependant où il y en ait moins qui réuſſiſſent : les uns opinent pour les bains froids, les liqueurs froides ; d'autres, les anti-ſpaſmodiques, les teintures de caſtor, les gouttes anodines, l'eau de fleurs d'orange, les ſaignées du pied. De tous les remèdes que j'ai employés dans le paroxiſme de cette violente maladie, aucun ne m'a mieux réuſſi que l'æther vitriolique dans une liqueur appropriée.

A une maladie auſſi opiniâtre, & qui a été plus d'une fois l'écueil de la médecine, il faut des remèdes efficaces, dont le conſtant uſage puiſſe adoucir l'âcreté du ſang & de la lymphe, en réparant les vices de la digeſtion, en rétabliſſant l'harmonie entre les ſolides & les fluides ; c'eſt aux eaux minérales, priſes méthodiquement, à qui la guériſon de cette maladie eſt réſervée.

Nous avons des preuves de l'efficacité de celles de Luxeuil ; les froides prises en boissons, les sulfureuses en bains, & quelquefois toutes les deux en boissons, suivant que l'exigent les circonstances.

Je citerois plus d'un exemple de différentes personnes qui y ont trouvé un soulagement réel. *Hoffmann*, ce grand observateur de la médecine, & qui a fait un traité particulier de cette maladie, dit, dans le traitement des fleurs-blanches : *Melioris conditionis sunt fontes martiali principio imbuti.*

Pour ce qui est des pertes blanches occasionnées par un vice particulier aux visceres, il ne faut pas moins d'attention à en connoître la cause ; & ce n'est que par le même moyen qu'on peut en prévenir & détruire les effets : ces causes sont souvent trop multipliées, pour que je puisse les suivre en détail dans cet abrégé.

On peut joindre à ces observations les causes de stérilité, qui dépendent souvent du même vice, sur lesquelles les eaux de Luxeuil n'ont pas moins d'actions.

# CHAPITRE VI.

*Les eaux de Luxeuil sont-elles bonnes pour toutes sortes de maladies ; & que doit-on penser de ce proverbe, si les eaux de Luxeuil ne font pas du bien, elles ne font au moins point de mal ?*

IL n'y a point de remède univer-sel ( *a* ); ainsi l'on ne peut pas dire que les eaux de Luxeuil aient la vertu de guérir toutes les maladies ; il y en a même pour lesquelles elles peuvent être

( *a* ) Comme nous ne connoissons encore par expérience, pas même un seul remède dont le succès soit toujours infaillible pour guérir une seule espece de maladie ; si, dis-je, nous considérons cette grande variété qui se rencontre dans les différens tempéramens, ce grand nombre, & souvent cette contrariété des causes des maladies, de même que le changement qui se fait si souvent de la vertu des remèdes dans différens sujets, par rapport à leurs différentes constitutions, nous cesserons de nous fatiguer à la recherche d'un remède universel ; cependant, s'il en est quelqu'un qui mérite ce titre, dit *Hoffmann*, ( c'est l'eau. )

dangereuses,

dangereufes. Les maux de poitrine ne fe guériffent pas par des eaux thermales ; au contraire, ils deviennent quelquefois plus incurables. Ces eaux peuvent faire fur les parties délicates de la poitrine de trop fortes impreffions. Ceux qui ont le fang trop atténué & trop fluide, ne doivent pas faire ufage de ces eaux, qui en augmentent la fluidité.

On ne doit pas les ordonner aux hydropiques, foit que l'hydropifie ait été caufée par la rupture de quelques vaiffeaux lymphatiques, qui a fait regorger la lymphe dans la capacité du bas-ventre; car, en ce cas, les eaux minérales fe joignent à la lymphe, &, paffant par les mêmes ouvertures, iront fe rendre dans la même cavité, & de-là dans tout le corps; où elles augmenteroient le mal, au point de caufer peut-être une très-prompte mort ; foit que l'hydropifie viennent des obftructions invétérées; car, en ce cas, les eaux minérales, n'étant pas affez fortes pour furmonter ces obftructions, refflueront avec la lymphe dont elles augmenteront le volume, & affecteront le bas-ventre & tout le corps.

G

Comme il y a des cours-de-ventre que les eaux minérales guériſſent, il y en a auſſi qu'elles peuvent augmenter. Les premiers ſont ceux qui viennent des obſtructions du méſentere, des veines lactées ; les autres ſont ceux qui viennent d'un ſpaſme ou convulſion de l'eſtomac & des viſceres. Dans ces derniers, les eaux peuvent être quelquefois utiles ; mais il faut uſer de grandes précautions ; & il y auroit beaucoup d'imprudence pour un malade de vouloir, en pareil cas, ſe gouverner lui-même, ſans le conſeil d'un médecin.

Les eaux minérales, augmentant le mouvement du ſang, ne ſont pas un remède convenable pour la fiévre. J'excepte néanmoins la fiévre lente, dans les perſonnes qui ont le ſang épais & viſqueux. C'eſt au médecin à juger, en pareil cas, ſi le trouble des humeurs peut permettre l'évacuation & la diſtribution des eaux.

Les eaux ferrées ſont bonnes pour ceux qui ont des hémorragies habituelles, ſoit par le nez, ſoit par les vaiſſeaux hémorroïdaux. Elles reſſerrent & bouchent les ouvertures par

lefquelles coule le fang ; elles le rafraî-
chiffent : mais les eaux thermales leur
font contraires ; car elles augmentent
le mouvement du fang, & peuvent,
par leur chaleur, dilater les vaiffeaux
par lefquels il s'écoule.

Les mêmes eaux thermales font dangereufes pour ceux qui ont eu quelques
maladies vénériennes, à moins qu'elles ne foient guéries radicalement, de
quoi il eft bien difficile d'avoir une
pleine affurance ; car il arrive fouvent
que, le virus de cette maladie étant en-
veloppé & comme affoupi, on fe croit
guéri fans l'être. Les eaux thermales
pourroient, par leur chaleur, développer ce virus, le réveiller, le répandre de nouveau dans le fang, & en
renouveler tous les défordres.

On doit interdire les mêmes eaux
thermales aux phthifiques, parce qu'en
excitant la fueur, elles achevent de les
épuifer, & accélerent leur mort. Les
eaux ferrées & les eaux favonneufes
n'ont pas le même inconvénient. Je laiffe
aux médecins plus habiles que moi, à
décider des cas où ces eaux peuvent
être utiles aux phthifiques.

C'eft une queftion de fçavoir, lorfqu'un malade a des ulceres intérieurs fi les eaux peuvent lui être utiles.

En général, les eaux thermales lui font contraires, parce qu'elles peuvent échauffer la matiere purulente, &, après l'avoir fondue, la commuuiquer à la maffe du fang; mais, en pareil cas, on doit fe laiffer aller au jugement des médecins. Les eaux favonneufes peuvent leur procurer une parfaite guérifon, en nettoyant les ulceres, & en entraînant le pus avec les excrémens, fi ces ulceres fe trouvent dans les inteftins.

Nous apprenons, par les expériences de M. *Halles*, de la fociété royale d'Edimbourg, que les liqueurs en effervefcence & l'eau de chaux avoient la vertu de guérir la pierre : ici, les eaux tiennent leurs premiers caracteres d'un principe éthéré volatil, & d'un bitume. J'ai vu un jeune homme qui avoit la pierre, à qui je fis boire les eaux chaudes coupées avec les froides, qui, en même tems, baignoit dans le bain le plus tempéré, qui jeta quantité de graviers, & deux petites pierres de la groffeur d'un pois.

Quoique les eaux thermales & les ferrugineufes conviennent parfaitement dans les coliques néphrétiques & la pierre, elles peuvent être pernicieuses à ceux qui ont dans les reins des pierres déja un peu grosses, parce qu'elles peuvent les pousser dans les ureteres, où, étant engagées, elles causeroient une suppression d'urine.

Pour finir ce détail, & établir un principe général, autànt que ces eaux font salutaires pour les maladies où le fang a perdu de fa fluidité & de fon mouvement, où les humeurs font épaisses, grossieres, tenaces & visqueuses, où les évacuations & fécrétions fe font difficilement, où les fibres font relâchées ; autant font-elles contraires aux maladies où le fang & les humeurs font trop fluides & dans un trop grand mouvement, où les fibres ont trop de refforts & de mouvemens contractifs, où la partie rouge du fang eft appauvrie, &c. C'eft au médecin à difcerner tous ces cas, dans lefquels le malade n'eft pas en état de fe décider lui-même.

Il eft vrai qu'il n'eft peut-être point d'eaux thermales moins dangereufes, pour quelques fortes de maladies que ce foit, que les eaux de Luxeuil, qui

agiſſent fort doucement & fort lentement ; & c'eſt-là ſans doute le ſens de
ce proverbe : *Si les eaux de Luxeuil
ne font pas du bien, elles ne font point
de mal.*

Les eaux les plus violentes, comme,
par exemple, celles de Bourbonne,
peuvent cauſer des ſpaſmes , des vomiſſemens convulſifs & autres grands
déſordres , dès la premiere fois qu'on
les boit ; & on ne s'apperçoit alors
qu'elles ſont nuiſibles , que lorſque le
mal eſt fait , & qu'il eſt difficile d'y
remédier. Mais les eaux de Luxeuil ne
peuvent cauſer d'abord que très-peu
de mal dans les maladies inconnues
auxquelles elles ſont contraires. Le mal
qu'elles cauſent, dès le premier & le
ſecond jour, eſt un avertiſſement utile
d'en interrompre l'uſage, & n'eſt pas
difficile à réparer ; c'eſt-là une raiſon
de préférer, dans le doute, ces eaux à
toutes autres eaux plus violentes &
plus fortes, & d'en faire l'épreuve,
ſans craindre aucun mauvais effet.

Elles ſont nuiſibles dès qu'elles ne
paſſent pas ou par les urines ou par les
ſelles, parce qu'en reſtant dans les viſceres, elles en augmentent trop le vo-

lume des liquides, dilatent les vaiſſeaux, les rempliſſent, & en arrêtent les mouve-mens néceſſaires pour la circulation & pour leurs autres fonctions ( *a* ).

# CHAPITRE VII.

## *Que faut-il faire pour profiter de la vertu des Eaux minérales ?*

POUR profiter de la vertu des eaux minérales, il y a des choſes à obſerver avant que de les prendre, en les prenant, & après les avoir priſes.

---

( *a* ) C'eſt à un médecin obſervateur de connoître les cas où ces eaux peuvent être ſalutaires ou non, ſoit pour en régler l'uſage, ſoit pour étendre ces uſages à des maladies dans leſquelles on ne les a pas employées juſqu'ici.

Quant à leur emploi dans les arts mécani-ques, il ſeroit très-intéreſſant de remarquer ce que ces eaux peuvent faire au blanchiſſage des toiles, aux teintures des laines & des ſoies, aux apprêts des cuirs, aux trempes des ferremens, à la cuiſſon des légumes, à la préparation du pain, & à l'abreuvage des beſtiaux.

## Article premier.

### *Ce qu'il faut faire avant que de prendre les Eaux.*

On ne doit se déterminer à prendre des eaux minérales, & à préférer celles de Luxeuil aux autres, que par l'avis d'un médecin habile, qui connoisse la maladie, sa cause & la vertu des eaux ; qui sçache préparer le malade par des remèdes généraux ou spécifiques, & en user avec succès, & qui détruise par des remèdes les obstacles qu'elles pourroient trouver à leur action. On comprend assez que le médecin à qui on s'adresse doit être habile, & non de l'espèce de ceux qui, lorsqu'ils ne sçavent que faire pour guérir un malade dont ils ne connoissent ni le tempérament ni la maladie, s'en débarrassent, en l'envoyant prendre les eaux ou changer d'air ; car l'ignorance de ces sortes de médecins peut leur faire faire des fautes dont le malade n'est que trop souvent la victime. J'insiste sur cet article, parce que l'expérience fait voir la vérité de ce que j'avance. *Lamſwerde* ( *a* ) dit, après Hippocrate, qu'on confie quelquefois ſa vie & ſa ſanté, c'eſt-à-dire ce que l'on a de plus précieux, à des hommes à qui on ne voudroit pas confier une légere ſomme. *Eò cæcæ dementiæ devenit maxima pars hominum, ut talibus committant vitam, quibus nè aſſent crederent.*

Il y a des cas où les eaux, qui auroient été utiles dans le commencement d'une maladie, ne le font pas à cauſe du progrès qu'elle a fait. Il y en a où, bien-loin de guérir le malade, elles abrégeroient ſes jours, & lui cauſeroient les plus fâcheux accidens : il y en a où il faut purger le malade par des vomitifs & par d'autres purgatifs réitérés pluſieurs fois, avant que de lui ordonner l'uſage des eaux ; & il y en a où ces remèdes feroient dangereux. Quelquefois la faignée eſt néceſſaire, & quelquefois la foibleſſe du malade oblige de s'en abſtenir. La boiſſon des eaux eſt bonne pour certains malades auxquels les bains & la douche feroient nuiſibles ; & d'autres,

_______________

( *a* ) Lamſwerde, *de Abuſu thermarum,*

au contraire, ont befoin de la douche
ou des bains, & on doit leur interdire
la boiffon, ou ne la leur permettre
qu'en petite quantité, ou même coupée avec du lait : aux uns, les eaux
chaudes font utiles ; à d'autres, l'eau
ferrée, & d'autres la favonneufe, & à
quelques-uns toutes les trois. Pour diftinguer tous ces cas & plufieurs autres,
il faut de la capacité dans le médecin;
& c'eft par conféquent agir imprudem-
ment, que de fe décider foi-même,
ou par l'avis de quelqu'un qui fe dit
médecin, fans l'être.

## ARTICLE II.

### *Ce qu'il faut faire en prenant les Eaux.*

Lorfqu'on prend les eaux, il y a
toujours un régime à obferver, & quelquefois des remèdes à prendre. Les
malades manquent fouvent à ces points,
& fur-tout au premier ; & c'eft-là le
plus fouvent la caufe du peu d'effet
qu'elles operent fur quelques malades.
C'eft ce qu'on a lieu de remarquer en
comparant l'effet que font les eaux fur
les pauvres, avec celui qu'elles font fur
les riches; car les guérifons des pauvres

font beaucoup plus fréquentes que celles
des riches ; ce qu'on ne peut attribuer
qu'à la frugalité & au régime qu'ob-
fervent les pauvres , ou par raifon , ou
au moins par néceffité , & dont les
riches fe difpenfent. On regarde fouvent
le tems des eaux comme une faifon de
divertiffement; on fe régale les uns
& les autres ; on fait bonne chère ; on
boit des vins & des liqueurs fi pleins
de feu ; on fait de fi longues féances
de jeu , & on veille fi avant dans la
nuit , que la fanté en feroit dérangée ,
fi on fe portoit bien. On s'en retourne
enfuite plus malade qu'on ne l'étoit
avant que d'arriver ; & l'on impute
aux eaux, dont on a empêché l'effet,
ce qu'on doit n'imputer qu'à foi-
même.

### ARTICLE III.

*Du Régime qu'il faut obferver en pre-
nant les Eaux.*

J'apelle régime l'ufage des chofes
que les médecins appellent *non naturelles* ; c'eft-à-dire que nous ne trouvons pas dans la conftitution naturelle
de notre corps , & qui nous viennent
d'ailleurs ; ce font les alimens, l'exer-

cice, le repos & l'air, auxquels on ajoute la tranquillité de l'ame, & le calme des paffions. Il y a fur toutes ces chofes des obfervations à faire, & des régles à garder; & c'eft fouvent pour ne les pas avoir gardées, que des malades ont rendu inutile la vertu des eaux qui les auroient infailliblement guéris, s'ils avoient eu le courage de fe foumettre à ces régles.

## §. I.

### *Des Alimens.*

On diftingue les alimens en *fimples* & en *compofés*, en *folides* & en *liqui-des*. Les alimens fimples font ceux que l'on emploie tels que la nature les produit, ou qu'on prépare fans mélange d'aucun autre aliment, comme les fruits & comme le poiffon grillé; & les compofés qu'on prépare en y mê-lant des fucs, des graiffes, des épices ou d'autres chofes femblables.

## §. II.

### *Des Alimens folides, & premiérement des végétaux.*

Les alimens folides font les végétaux, les animaux. Dans la premiere claſſe, ſont les graines, les herbes, les racines & les fruits.

## §. III.

### *Des Graines.*

Dans les plantes, les graines ſont celles que la nature a le plus travaillées ; elle les annonce par les fleurs, elle les organiſe, elle leur communique une ſubſtance farineuſe & laiteuſe, avec une huile douce très-amie du corps humain.

Il y en a dont on ſe ſert pour faire du pain. Celui qu'on fait de froment eſt non-ſeulement le plus beau, mais encore le meilleur au goût, le plus nourriſſant & le plus léger. On conſeille d'y laiſſer un peu de ſon bien fin, parce qu'il eſt onctueux & rafraîchiſſant. Le pain de ſeigle, d'orge, d'avoine, & de maïs, qu'on nomme communément *bled de Turquie*, ne s'accorde pas avec l'uſage des eaux, parce qu'il fatigue trop l'eſtomac ; néanmoins un tiers de ſeigle mêlé avec deux tiers de froment, font un pain plus rafraîchiſſant & plus laxatif que le pain de froment pur ; & ceux qui font conftipés peuvent s'en fervir. La croûte du pain, quoique plus aftringente que la miète, eft néanmoins plus légere, plus nourriffante & plus facile à digérer. Le pain fec & dur n'a pas les mêmes avantages que la croûte, & il y a bien des eftomacs qui ont bien de la peine à le digérer. Autant la croûte de pain bien levé & bien cuit eft favorable à l'eftomac, autant les différentes efpèces de pâtifferies font contraires. On doit donc y renoncer durant le tems des eaux ; c'eft un facrifice qui ne doit rien coûter à ceux qui connoiffent le prix de la fanté. Le vermicelli ne doit pas être mis au nombre des pâtes nuifibles, parce qu'il n'y entre ni graiffe, ni aucune autre chofe de difficile digeftion, & que le fafran & les œufs, qui y font mêlés avec la farine, font très-favorables à l'eftomac.

Si l'orge & l'avoine font un pain trop pefant pour ceux qui ufent des eaux minérales, ces grains mondés & cuits dans du bouillon gras, ou de l'eau mêlée avec du lait, font une très-bonne nourriture : la bouillie de maïs, qu'on a regardée long-tems comme groffiere,

pefante & indigefte, commence à paffer pour une nourriture légere, apéri-
tive & facile à digérer. On l'a ordonnée
à des malades dont l'eftomac foible ne
digéroit aucune forte d'aliment, & ils
s'en font très-bien trouvé. Mais, malgré ces expériences, je confeille de
n'en point faire ufage, tandis qu'on
prend les eaux; &, quand on en fait
ufage, d'en prendre une très-petite
quantité à-la-fois, de faire bien fécher
la farine avant que de s'en fervir, pour
en faire évaporer le flegme qui y eft
très-abondant; de ne la pas faire cuire
dans le lait pur, qui la rendroit trop
épaiffe, & propre à pefer fur l'eftomac & à caufer des obftructions; mais
ou dans un bouillon gras, ou dans un
melange de lait & d'eau en quantité
égale; enfin de la faire cuire fort long-
tems; car ceux même à qui cette bouillie a fait du bien étant fort cuite, en
ont éprouvé des effets très-contraires,
une pefanteur d'eftomac, & même des
vomiffemens, lorfqu'elle n'avoit pas
été cuite.

Les légumes, telles que les féves, les
haricots, les pois & les lentilles, contiennent une fubftance farineufe & très-

nourriſſante. On doit néanmoins s'en abſtenir tout le tems qu'on prend les eaux, parce qu'ils ſont peſans & venteux, peuvent former des obſtructions, & empêcher que les eaux s'inſinuent dans les vaiſſeaux. M. *Hecquet* a prétendu * qu'ils étoient plus ſains & plus faciles à digérer que la viande; il en a donné des raiſons très-ſpécieuſes, & auxquelles on auroit de la peine à ne pas ſe rendre, ſi on s'en tenoit à la ſpéculation : mais ſa théorie eſt démentie par l'expérience; & bien des perſonnes qui avoient l'eſtomac foible, & qui, ſur le témoignage de M. *Hecquet*, ont préféré ces légumes à la viande, n'ont pas pu les digérer.

Il n'en eſt pas de même du riz du Levant, bien meilleur que celui de Piémont. Cuit ou au bouillon gras ou au lait, il adoucit les humeurs, & fait un chyle très-doux & très-nourriſſant. Il eſt meilleur au bouillon gras qu'au lait pour ceux qui prennent les eaux. Il y a des malades qui ne doivent jamais en manger préparé avec le lait, & ce ſont ceux qui ne peuvent pas

---

* Traité des Diſpenſes du Carême.

digérer le lait, ou qui n'en prennent jamais fans en reffentir des aigreurs dans l'eftomac. On y mêle quelque-fois du fafran qui peut aider à la digef-tion, à moins que quelques vices d'ef-tomac ne l'empêchent, parce qu'il eft apéritif, cordial, pectoral & fomni-fère. Ceux qui ont l'eftomac chaud ne doivent pas en ufer.

Toutes les herbes ne font pas éga-lement bonnes pour tous les tempéra-mens; l'artichaut, le creffon, le cé-leri, peuvent nuire à des eftomacs chauds & délicats; la laitue, le pour-pier, l'ofeille, le cerfeuil, la poirée & autres herbes femblables, conviennent à prefque tous les tempéramens qu'el-les humectent, calment le fang & ra-fraîchiffent médiocrement. Je confeille le pourpier à ceux qui ont des difpo-fitions fcorbutiques ou des vers, des âcretés dans l'eftomac. Toutes ces her-bes, en général, prefque toutes cel-les qu'on met dans les potages, puri-fient le fang; mais, durant les bains, on ne doit ufer d'aucunes fortes d'her-bes qu'elles ne foient cuites; car les herbes crues, quelque douces qu'elles foient d'ailleurs, ont des fucs âpres,

qui picotent & tourmentent des estomacs déja fatigués par les eaux.

Les racines potageres qu'on mêle
dans les ragoûts, ont toutes, ou prefque toutes, de très-bonnes qualités ;
mais il y a entr'elles des diftinctions
à faire, fur-tout par rapport aux différens tempéramens & aux différentes
maladies. On peut confeiller l'oignon,
les raves, les afperges, l'ail & le poi-
reau aux malades fujets à la gravelle,
& qui ont de la difficulté à uriner, &
quelques difpofitions à la pierre ; mais
on doit les défendre à ceux qui ont
l'eftomac trop délicat, ou dont la foibleffe vient d'échauffement. Ceux
qui tranfpirent difficilement peuvent
manger des fcorfonères ou cerfifils,
auffi-bien que ceux qui font menacés
d'épilepfie. Les carottes ont un fuc fort
doux & apéritif ; elles font bonnes
pour tous ceux qui ont des obftructions:
les bettes ou poirées font laxatives,
mais pefantes & difficiles à digérer.
Quelles que foient ces différentes racines, ceux même à qui elles font utiles doivent en faire un ufage très-mo-
déré durant les eaux, pour éviter que
les fels, les huiles & les autres princi-

pes qu'elles contiennent, ne faſſent trop
d'impreſſion ſur les fibres de l'eſtomac.
Je rapporte les trufes à la claſſe des
racines ; elles doivent être interdites :
on ne doit pas même en mettre dans
les ragoûts, non plus que des cham-
pignons.

Le docteur *Cheyne*, dans le Livre
que j'ai déja cité, propoſe cette régle
générale, que les végétaux, & par
conſéquent les fruits, ſont plus aiſés à
digérer que la chair des animaux. L'expérience dément cette régle ; car il eſt
peu de malades auxquels on ne ſoit
obligé d'interdire l'uſage des fruits, &
même celui des légumes, quoiqu'on
leur donne ou ordonne l'uſage de la
viande, du poiſſon & des bouillons gras.
Je crois qu'on peut, avec beaucoup
plus de fondement, avancer que les
fruits, & ſur-tout ceux qui ſont crus,
ne conviennent, à l'exception de
quelques cas particuliers, qu'aux perſonnes qui jouiſſent d'une ſanté parfaite. Ceux qui prennent les eaux doivent s'appliquer cette régle, & ſe priver de l'uſage des fruits, ou du moins
n'en uſer qu'avec grande réſerve, &

feulement de ceux qu'un habile médecin leur permettra.

Il y en a de bien plus fains les uns
que les autres. Selon le docteur *Cheyne* *, dont le fentiment me paroît vrai
en ce point, ceux qui font mûrs au
printems, font d'une plus facile digeftion que ceux qui ne mûriffent qu'en
été ou en automne; les fucs en font
plus légers, plus doux & plus délicats. Les fraifes & les cerifes font préférables aux abricots, aux pêches, aux
raifins; & les premieres poires à celles
qui ne viennent que fort tard : j'excepte néanmoins les fruits qui ont eu
le tems de fe macérer durant l'hiver,
& dont les fucs fe font perfectionnés,
comme il arrive aux pommes reinettes.
Les fruits, dont la fubftance eft dure, &
huileufe, comme les noix, les noifet-
tes, les châtaignes, les amandes, les
piftaches, &c. fatiguent l'eftomac, s'y
triturent difficilement dans les perfonnes qui ne jouiffent pas d'une parfaite
fanté, & y caufent des obftructions.

La meilleure maniere d'ufer des

* *Ibid.*

fruits, dans le tems des eaux, pour les empêcher de nuire, c'eſt de les manger en compôte ou en gelée, ou au moins cuits avec du ſucre. Si on mange les pêches crues, il faut en adoucir les acides avec le ſucre.

Il eſt néceſſaire d'avertir les perſonnes qui ont le ventre trop relâché, qu'elles doivent entiérement renoncer à l'uſage des fruits, tant qu'elles ſont ſujettes à cette incommodité, parce que les fruits l'augmentent : le ſucre qu'on y mêleroit n'empêcheroit pas cet effet ; il les rendroit encore plus laxatifs, ſelon la doctrine du docteur Bobel de Malmyen, qui attribue cette vertu au ſucre, fondé ſur une expérience dont il a été témoin; ſur la nature du ſucre, qui, comme la manne, tient de la nature de la roſée, & ſur les eſprits de chaux, qui ſe répandent dans le ſucre lorſqu'on le purifie, & qui ſont propres à picoter les fibres de l'eſtomac & des viſceres, & à en procurer l'évacuation.

## §. IV.

### De la Chair des Animaux.

La chair des animaux eſt la nourri-

ture la plus fubftantielle & la plus ana-
logue à notre nature. On diftingue, en
général, les animaux en *terreftres, volatils, aquatiques* & *amphibies*. Ils
contiennent dans leurs fibres charnues
un fuc qu'on peut appeler *gélatineux*, & qui a plus d'analogie avec
notre fang, & de vertu pour le réparer,
que les fucs des végéraux; ce que je
crois indubitable, par rapport aux malades feulement; car, par rapport aux
perfonnes qui fe portent bien, & dont
l'eftomac n'eft affecté d'aucun vice,
les végétaux font peut-être une nourriture plus falutaire que la chair des
animaux, comme on peut le prouver
par l'expérience de plufieurs perfonnes
qui, n'ayant vécu que de végétaux,
ont prolongé leur vie bien au-delà de
cent ans. Ce font ces fucs gélatineux
que l'eau extrait dans les bouillons, qui,
pour cette raifon, font fi nourriffans,
& fuppléent, dans les malades; aux autres alimens que leur eftomac ne peut
pas fupporter. Les mêmes fucs, lorfqu'on mange la chair des animaux,
en font extraits par la digeftion.

Ces fucs font différens, c'eft-à-dire
plus ou moins doux, plus ou moins

analogues à notre fang, plus ou moins aifés à extraire, felon la différente nature des animaux. Voici fur cela des maximes que je regarde comme indubitables.

Premiérement, parmi les animaux terreftres & volatils, ceux qui ont la chair blanche forment de meilleurs alimens que ceux qui ont la chair noire, parce qu'ils contiennent une fubftance plus fucculente, des fibres plus tendres & des fucs plus doux. Secondement, ceux qui vivent de végétaux ont la chair moins dure, & les fucs plus doux que ceux qui vivent d'autres animaux; ce qui eft auffi vrai dans les poiffons, comme l'a remarqué le docteur Cheyne. Troifiémement, les jeunes animaux, felon le même docteur, ont la chair plus aifée à digérer que les vieux : ainfi les malades doivent préférer la viande de veau à celle de bœuf, celle de poulet à celle de poule ou de chapon, celle de dindonneaux à celle de coq d'Inde, & ainfi des autres. Quatriémement, la viande bouillie & la rôtie font plus faines que celle qui eft préparée en ragoût ; & il y a encore de la différence à faire entre la rôtie & la bouillie. La viande rôtie a plus de suc, & par conséquent elle est plus nourrissante ; mais la bouillie est plus dégagée des sucs forts, plus tempérée, plus légere, & d’une digestion plus facile. Un estomac foible doit préférer celle-ci, & un estomac fort doit préférer la viande rôtie. Cinquiémement, les animaux terrestres, nourris & engraissés à l’air, & à l’air frais, ont la chair plus tendre & le suc meilleur que ceux qui ont été nourris & engraissés au foin, & dans l’écurie : de même les volatils qui ont été nourris au grain, à l’air & en liberté, sont meilleurs pour les personnes infirmes, quoique moins gras & moins nourrissans que ceux qui ont été engraissés à la pâte dans des cages.

Sixiémement, les animaux qui mangent des choses salées, ont la chair pesante, grossiere & visqueuse, quoique de bon goût ; comme, par exemple, les cochons : on ne doit en faire aucun usage, tant qu’on n’est pas entiérement guéri.

Septiémement, les grenouilles & les tortues, qui sont les seuls amphibies d’Europe, qui puissent être utiles aux malades, doivent rarement être

être employés pour eux autrement qu'en bouillon. En ragoût, elles ont les mêmes inconvéniens que les autres viandes préparées de cette maniere ; &, sur le gril, elles sont trop séches, & par conséquent dures à la digeftion.

Huitiémement, c'est une grande question de sçavoir si la chair de poiffon est meilleure pour les malades que celle des autres animaux.

M. *Hecquet* a pris l'affirmative, & bien des médecins sont de son senti-ment, parce que c'est la chair qui nour-rit le moins, qui contient le moins de partie sulfureuses, qui contient une plus grande partie de phlegmatiques, qui a des fibres moins fortes, moins difficil-les à rompre, & qui, par conséquent, est plus humectante, plus laxative & plus aisée à digérer. Le docteur Chey-ne est d'un sentiment contraire ; & on peut l'appuyer de raisons spécieuses. Les poiffons se mangent presque tous les uns & les autres ; leurs sucs sont froids & huileux ; les bouillons qu'on en fait n'ont peu ou point de vertu pour soutenir les malades, comme l'é-prouvent les Chartreux ; & enfin l'ex-périence paroît se déclarer contre l'u-

fage du poiffon : de-là vient qu'on dé-
fend communément aux malades de
faire maigre , & que l'Eglife les en dif-
penfe dans le tems où le gras eft pro-
hibé : de-là vient, je crois, que, dans ces
deux fentimens oppofés , il y a quelque
chofe de vrai & quelque chofe de faux ;
qu'il y a des cas où les médecins doivent ordonner aux malades l'ufage du
poiffon , & , dans d'autres , où ils doivent le défendre ; & c'eft en effet ce
qu'on les voit pratiquer tous les jours.

Mais il n'y a pas moins de choix à
faire parmi les poiffons que parmi les
animaux terreftres & volatils. M. *Lé-*
*mery* , dans fon *Dictionnaire des Sim-*
*ples* , a expliqué fort au long les différentes qualités & vertus des différens
poiffons ; mais il n'a rien dit de ce qu'ils
pouvoient contenir de nuifible à la
fanté ; enforte qu'à s'en tenir préci-
fément à ce qu'il en a écrit, il n'y a aucun poiffon de ceux qui nous font connus , qui ne fût excellent dans prefque
toutes les maladies, ou plutôt dans les
convalefcences, & lorfque les malades
commencent à manger ou prendre des
alimens folides.

Pour fuppléer à ce qu'il a omis fur

cette matiere, par rapport aux différentes efpeces de poiffons qu'on a aifément à Luxeuil, je dis que la perche eft plus légere, & le feul dont il me paroît qu'on puiffe permettre l'ufage à ceux qui prennent les eaux ; on doit fur-tout leur interdire le brochet & la truite, à caufe de leur voracité ; la tanche, à caufe de la pefanteur de fa chair & de l'huile abondante qui y eft contenue ; les poiffons falés ou boucannés, à caufe des acides dont ils font remplis : on ne doit leur permettre d'autre apprêt du poiffon, que de le faire cuire fur le gril ou à l'eau, & jamais en friture ni en ragoût ; & quelquefois on doit leur confeiller de préférer la chair des autres animaux à celle des poiffons, à moins que quelques cas fingulier n'oblige un habile médecin d'en ordonner autrement.

Les médecins ordonnent en plufieurs cas les bouillons rafraîchiffans, dans lefquels on emploie les écreviffes. Hors ces cas, les malades qui prennent les eaux pour des maladies internes doivent s'abftenir de manger des écreviffes, même en bifque, parce que les écreviffes font d'une très-dure digeftion ; &

j'ai vu aux eaux des malades qui, pour en avoir trop mangé, malgré la défenfe qu'on leur en avoit faite, ont été très-fatigués de maux d'eftomac durant plufieurs jours.

Les œufs ne font bons pour les perfonnes infirmes, que lorfqu'ils font frais. Ils font nourriffans, & leurs parties, étant moins dures & moins liées que celles de la chair des animaux, fe broient & fe digerent plus aifément; ils font néanmoins un peu aftringens, & par conféquent peu convenables aux perfonnes conftipées : on ne doit les manger, dans le tems qu'on prend les eaux, qu'en coque, ou à l'eau ou au lait, pour ceux à qui le lait n'eft pas nuifible, ou tout au plus au jus ou au beurre : on ne doit jamais les manger durs, à moins qu'ils ne foient ordonnés par le médecin, pour arrêter le flux de ventre ou quelqu'autre femblable incommodité; ce qui ne peut arriver que bien rarement.

## §. V.

### *Des Liquides.*

Les alimens liquides ne font pas moins néceffaires pour conferver la santé & la vie, que les solides ; ils sont même plus nécessaires : on vivroit plus long-tems en ne prenant que des liquides, qu'en ne mangeant que des solides. Les liquides entretiennent & réparent les parties fluides de notre corps ; ils détrempent les alimens solides, les pénetrent, les amolliffent, & en rendent plus faciles la trituration & la fermentation ; ils entrent néceffairement dans la formation du chyle, qui sans eux ne feroit qu'une pâte épaiffe, incapable de pénétrer dans les vaiffeaux lactés, d'y couler, de circuler avec le ang.

De tous les liquides, l'eau eft le meilleur & le plus propre à produire tous ces effets ; c'eft un diffolvant incomparablement meilleur que le vin & les autres liqueurs fpiritueufes, qui refferrent plutôt & durciffent les alimens qu'ils ne les diffolvent ; c'eft ce qu'on remarque dans le fruit, qui fe conferve fort long-tems dans l'eau-de-vie, & qui fe diffout bien plus tard dans le vin que dans l'eau pure.

L'eau, pour être bonne, *doit être clai-

* Valérius *Hydrologia.*

re, pure, légere, fans couleur & fans odeur. Celle qui n'eft pas bonne pour cuire les légumes, ou qui diffout facilement le favon, manque de quelquesunes de ces qualités. La plus légere eft celle de pluie ; c'eft la p'us dégagée de toute matiere *hétérogène :* celle de riviere, & fur-tout de riviere rapide, telle que le Rhône, n'eft guères moins bonne, parce qu'étant battue continuellement par fon mouvement & purifié par le foleil, elle s'épure aifément des matieres qui y font mêlées. Celles de fource, celles de puits, font bonnes ou mauvaifes, felon la bonne ou la mauvaife qualité des terres à travers defquelles elles paffent.

On a l'avantage à Luxeuil d'y avoir de très-bonnes eaux, tant celles qui coulent des fontaines, que celles qu'on prend dans la riviere ou qu'on puife dans les puits. L'eau ferrée eft très-fraîche & très-bonne ; bien des gens en boivent dans leurs repas à la place de l'eau commune : on peut la confeiller aux perfonnes fur-tout qui ont des obftruftions.

Mais, quelque bonne que foit l'eau, ceux qui ne font pas accoutumés à la boire pure doivent y mêler un peu de vin, & perſonne ne doit en boire en trop grande quantité, de peur qu'elle ne relâche les ſolides, qu'elle ne les affoibliſſe, & qu'elle n'ôte aux ſucs gaſtriques toute leur vertu.

Le vin, quoique ſpiritueux, mêlé en quantité ſuffiſante avec de l'eau, empêche les mauvais effets dont je viens de parler : il fortifie les ſolides, ſans épaiſſir les ſucs gaſtriques ; il anime & excite modérément les fibres de l'eſtomac ; il ſert auſſi à la trituration & à la fermentation, &, par conſéquent, à la digeſtion. Mais, ſi on le boit pur ou trop peu tempéré par l'eau, il empêche la digeſtion, à moins que l'eſtomac ne ſoit très-fort, très-humide, ou enfin accoutumé à cette boiſſon ; car l'habitude a, dans ce cas, la même force que dans tous les autres.

Les vins les plus vifs, ceux qui ont le plus de liqueurs, ceux qui ſont trop gros, ſont les plus dangereux. On doit donc retrancher des repas, durant l'uſage des eaux, le vin blanc ; & plus que tous autre, celui de Champagne, & celui d'Arbois, qu'on nomme *vin de garde*, le vin de l'Hermitage, celui qui a été fait de raifins qu'on nomme *gamés*, celui de Côte-Rôtie, celui de Canarie, celui d'Alicante, & les autres vins femblables, à moins qu'ils ne foient ordonnés pour remède par d'habiles médecins en certains cas particuliers. Il n'y en a point de plus ami de l'eftomac, parmi ceux qu'on eft à portée d'avoir à Luxeuil, que le vin rouge de Poligny, de Château-Châlons, d'Arbois, de Salins & des environs.

Toute liqueur dont le vin eft la bafe, eft préjudiciable à la fanté : j'en dis de même de la liqueur qu'on nomme *eau de cerifes*, qui eft faite de merifes & de cerifes fauvages * diftillées, & qui eft fort eftimée, fur-tout en cette province, dans l'Alface & en Suiffe. On dit communément qu'elle n'eft point brûlante comme l'eau-de-vie ; c'eft une erreur bien aifée à détruire : elle prend feu comme l'eau-de-vie ; elle peut être auffi rectifiée & former un efprit auffi ardent que l'efprit-de-vin : elle n'eft pas, par conféquent, ni moins fpiritueufe ni moins nuifible.

Les liqueurs rafraîchiffantes, telles

---

* *Kerwaffer.*

que la limonade, l'orangeade, l'orgeat, font bonnes ou mauvaises, selon les différentes dispositions des malades ; c'est aux médecins à en juger.

Il en est de même du café & du chocolat, de l'infusion de thé ou de vulnéraires, ou d'autres herbes semblables ; mais sur le thé, je dois prévenir contre une erreur qui fait préférer le thé verd au thé bout, parce qu'on suppose que le premier est naturel, & on en juge par sa couleur, & que le thé bout est falsifié. Angelot, médecin Anglois*, a détrompé le public sur cet article, en nous apprenant que la couleur du thé verd lui vient des plaques de cuivre sur lesquelles on le fait sécher ; c'est, par conséquent, une teinture de verd-de-gris ; c'est delà que lui vient la force qu'il a d'être corrosif, &, par conséquent, nuisible à l'estomac.

Le lait est une liqueur fort substantielle & fort nourrissante. Il diffère peu du chyle ; la nature l'a destiné à être l'aliment des jeunes animaux dont les estomacs foibles ne peuvent encore soutenir

---

* *Voyez* Cheyne ; *voyez* Angelot, Voyage à la Jamaïque.

H v

une nourriture plus solide. Il abonde en principes onctueux & balsamiques, & les parties dont il est composé se dissolvent aisément & se changent en chyle sans avoir besoin d'une grande préparation dans l'estomac ; c'est un aliment excellent, & même un très-bon remède pour les estomacs foibles dans lesquels il ne s'aigrit pas. On le mêle quelquefois avec les eaux minérales, dont il tempere l'action. On le coupe aussi avec du café ou avec de l'eau d'orge, ou avec une infusion de thé ou de vulnéraires, selon les différentes dispositions où se trouve l'estomac, sur quoi on doit consulter un habile médecin, sur la quantité qu'on en doit prendre, & sur le tems. Il n'en est pas de même de la crême qui fait, à la vérité, du bien à quelques malades, mais qui est nuisible à quelques autres, parce que les parties butireuses, qui sont mêlées dans le lait avec les caseuses & les séreuses s'y trouvant réunies en trop grande quantité, embarrassent les fibres de l'estomac, y forment des glaires visqueuses, & causent par leur grossiéreté des obstructions.

## §. VI.

### *De la quantité de Nourriture.*

La plûpart des hommes mangent trop, & c'eſt une des ſources les plus fécondes de leurs maladies. On croit fortifier ſon tempérament en mangeant beaucoup, & on l'accable. Il n'y a jamais d'inconvénient à manger peu, parce que la nature ſe contente du pur néceſſaire; & il y en a beaucoup à manger trop, parce qu'on en excede les forces, & qu'en les affoibliſſant peu à peu par cet excés, on vient enfin à bout de les anéantir. Ce qui eſt abſolument néceſſaire à la nature eſt d'une très-petite quantité. Sans m'autoriſer ici de l'exemple du fameux Louis Cornaro, qui, par ſa ſobriété, ſe guérit de pluſieurs maladies, & entr'autres du mal continuel d'eſtomac, vécut plus de cent ans, n'ayant jamais, depuis l'âge de quarante ans, pris plus de douze onces d'alimens ſolides, & quatorze de liquides par jour, en ayant même diminué peu à peu la doſe, à meſure qu'il avançoit en âge, enſorte que ſur la fin de ſa vie il ne mangeoit plus

H vj

qu'un jaune d'œuf par jour, la moitié dans chacun de ſes deux repas. Je pourrois citer un grand nombre de ſolitaires qui ont porté la ſobriété à un point qui paroît exceſſif, & qui ont vécu au-delà de cent ans, & ont joui d'une forte ſanté. Combien, au contraire, d'hommes intempérans ont ruiné leur ſanté & abrégé leurs jours par leur gourmandiſe ! Mais ſi la ſobriété eſt toujours néceſſaire, elle l'eſt ſur-tout quand on prend des remèdes. Il faut donc peu manger dans chaque repas, & il vaut mieux, en cette matiere, ne pas ſatisfaire l'appétit que de lui trop donner. J'ai vu des perſonnes aux eaux ne faire qu'un repas par raiſon de ſanté, & le faire abondant par la raiſon qu'il n'en faiſoient qu'un : il vaudroit mieux en faire deux plus légers & proportionnés aux forces de l'eſtomac, que de l'accabler par un ſeul.

## §. VII.
### Du Tems des Repas.

Il faut auſſi mettre un intervalle entre la boiſſon des eaux & le repas, afin de leur laiſſer le tems de pénétrer dans les viſceres & dans les vaiſſeaux, & n'en pas empêcher la diſtribution en les embarraffant dans les alimens. Cet intervalle doit être au moins de trois heures depuis le dernier verre de l'eau minérale. On doit fouper de bonne heure, pour laiffer à l'eftomac le tems de digérer le fouper avant de recommencer la boiffon des eaux ; car leurs principes agiffent bien plus librement & bien plus efficacement dans les eftomacs vuides que dans les eftomacs remplis, & par cette raifon le fouper doit être plus léger que le dîner.

Quelques malades prennent un bouillon une heure environ après avoir fini la boiffon des eaux ; d'autres n'en prennent point. Je ne blâme pas les premiers ; mais la pratique des feconds me paroît meilleure en général, & je la confeille à ceux qui peuvent attendre à prendre de la nourriture jufqu'au dîner.

## ARTICLE IV.
### De l'Air.

L'influence de l'air fur la fanté & fur la maladie eft fi connue, qu'il feroit inutile de m'arrêter à l'expliquer. Souvent le mauvais air a ruiné de forts tempéramens; &, au contraire, le feul changement d'air a guéri des maladies trèsopiniâtres. L'air par fa ténuité, fa fluidité & fa fubtilité, s'infinue non-feulement dans les poumons par la refpiration, mais encore dans l'eftomac, dans le fang, dans les vifceres & dans tous les vaiffeaux, & par-tout il porte avec lui fes bonnes & fes mauvaifes qualités, & les communique au corps. S'il eft doux & pur, il aide à la digeftion; s'il eft trop froid ou trop chaud, trop fec ou trop humide, ou chargé d'exhalaifons, d'odeurs fortes ou putrides, ou d'autres matieres dangereufes, il la trouble. Par fon reffort, il aide le fang à circuler, & tient en équilibre les liquides avec les colonnes d'air extérieures, ou bien dérange la circulation en dilatant trop les veines & les arteres; il entretient dans les vaiffeaux glanduleux les ouvertures, & empêche les obftructions; enfin il n'eft aucune fonction du corps où l'air n'ait quelque part. Ce n'eft donc pas fans raifon qu'*Hippocrate* * explique les plus grandes maladies par l'action d'un air mêlé au fang & aux efprits, & qu'un auteur

----

* *Voyez* M. Leclerc, Hiftoire de la Médecine.

récent attribue le peu de succès de certains purgatifs qui ôtent l'effet du mal sans en détruire la cause, à un air spiritueux & morbifique. « Ces évacua» tions, dit-il *, vont quelquefois jusqu'au » prodige par leur énorme quantité ; & » cependant le mal augmente & le malade empire ; c'est qu'il y a un air » *spiritueux morbifique*, ou un esprit » irritant qui fait toutes ces fontes, sans » se précipiter avec elles.» Cet air morbifique cause toutes les années des maladies épidémiques en certains pays remplis de marais & d'eaux croupissantes. Il rend inutiles les meilleurs remèdes chez les malades retenus dans des chambres fermées, lorsqu'on n'a pas soin d'y faire entrer de dehors un air pur, ou en ouvrant les fenêtres, si le malade peut le supporter, ou au moins en se servant d'un ou deux tuyaux qui renouvellent l'air de la chambre insensiblement. Cette théorie, qui est indubitable, fait connoître combien le séjour de Luxeuil est salutaire aux malades, indépendamment même de ses eaux

-----

* La Médecine théologique, partie 3,
page 209.

minérales ; car l'air y est aussi bon que dans aucun autre endroit du royaume : il est tempéré & pur, & bien différent de l'air humide & épais qu'on respire dans certains endroits renommés pour la bonté de leurs eaux minérales, où les habitans sont obligés de monter sur les montagnes, s'ils veulent respirer un bon air.

Pour profiter de cet avantage, les malades qui viennent à Luxeuil doivent avoir soin de choisir un logement dans un quartier de la ville bien exposé au bon air ; de loger plutôt dans un appartement élevé que dans un rez-de-chaussée ; de ne pas se placer près des écuries ; de renouveler souvent l'air des chambres qu'ils habitent ; de ne pas s'y renfermer & y passer toute la journée au jeu, mais de faire tous les jours, si leurs forces le leur permettent, des promenades ou à pied, ou en voitures, ou à cheval, avant le soleil couché, pour n'être point exposé aux mauvais effets du serein, qui, quoique fort léger dans cette ville, ne laisse pas d'y faire au moins quelques mauvais effets qu'il est toujours prudent d'éviter.

## ARTICLE V.

### De l'Exercice ou du Mouvement.

Si l'exercice & le mouvement font utiles en tout tems, ils le font fur-tout lorfqu'on prend les eaux dont ils augmentent l'action & facilitent la circulation & l'évacuation. Ils les aident à pénétrer dans le fang & dans les humeurs, qu'elles délayent, divifent, atténuent & font écouler par les premieres voies, ou fortir par la tranfpiration. Ils animent les efprits, excitent l'appétit, & préparent une bonne digeftion.

On peut diftinguer l'exercice qu'on peut prendre durant le tems des eaux, en actif & paffif. L'actif eft celui qu'on fait foi-même en marchant, par exemple, en jouant aux boules, ou au billard, ou à quelqu'autre jeu femblable. Le paffif eft celui où l'on agit par foi-même, comme lorfqu'on eft porté en chaife, ou qu'on va à cheval ou en carroffe, ou en quelqu'autre voiture femblable.

On doit obferver, par rapport à ces différens exercices, trois chofes.

1° L'exercice actif ne doit pas être immodéré, ni être pouſſé jufqu'à une ſueur abondante, de peur qu'il ne diſſipe les eſprits animaux & qu'il n'épuiſe trop les parties fluides du ſang ; c'eſt pourquoi la promenade eſt préférable à des jeux qui exigeroient trop de mouvement, tel eſt, par exemple, le jeu de paume. 2° Dans l'exercice paſſif, il faut éviter de trop grandes ſecouſſes, de peur qu'elles ne cauſent dans les viſceres & dans les fibres de trop grands ébranlemens. 3° Moins l'eſtomac eſt chargé, plus l'exercice eſt utile : ainſi, tous les jours, ſoit qu'on prenne les eaux ou qu'on ne les prenne pas, il eſt utile de ſe promener une heure ou deux avant le couché du ſoleil & le ſouper.

## ARTICLE VI.

### *Du repos.*

Le ſommeil eſt néceſſaire aux perſonnes qui jouiſſent d'une forte ſanté ; combien l'eſt-il plus aux perſonnes malades ou infirmes ? Son principal effet eſt de réparer les eſprits animaux, qui ont bien plus beſoin de cette réparation, dans

les malades, que dans les autres. La tranſpiration qu'il procure eſt abondante &
très-naturelle, & cette *ſécrétion peut ſuppléer à beaucoup d'autres, tandis que
beaucoup d'autres ne peuvent aſſurément
la ſuppléer* *. Il calme le trop grand mouvement du ſang & contribue autant
que les alimens à réparer les forces
épuiſées. Il ſuſpend les ébranlemens
des fibres du cerveau & des nerfs cau-
ſés par les objets extérieurs qui font de
vives impreſſions ſur les organes des
ſens lorſqu'on veille, & qui n'en font
plus lorſqu'on dort : ainſi ces nerfs ſe
remettent au ton néceſſaire, & leur
reſſort affoibli ſe renouvelle.

Veiller donc trop long-tems, c'eſt
laiſſer appauvrir les eſprits animaux, &
empêcher une de nos fonctions la plus
néceſſaire, échauffer le ſang, affoiblir
tout le corps, & s'expoſer à toutes les
ſuites de ces dérangemens.

Comme, dans le tems qu'on boit les
eaux, on ſe leve au plus tard à cinq
heures ou cinq heures & demie, afin

---

* Médecine théologique, premiere partie page 183.

de mettre un intervalle suffisant entre la boisson des eaux & le dîner, il est nécessaire de souper & de se coucher de bonne heure, afin de laisser au sommeil un tems suffisant.

On conseille donc de souper au plus tard à sept heures, & de se coucher à neuf heures & demie ou dix heures. On doit s'interdire le jeu après souper, parce qu'il demande toujours un peu d'application, & encore plus les bals prolongés bien avant dans la nuit, parce qu'ils dérobent au sommeil des momens précieux.

## ARTICLE VII.

*Des Remèdes qu'on doit prendre quelquefois durant l'Usage des Eaux,*

On peut donner quelques régles générales touchant les remèdes qu'on doit quelquefois allier avec les eaux.

1° Lorsque les eaux passent difficilement, on y mêle dans le premier verre, ou partie dans le premier & partie dans le second, du sel de Seignette ou sel de Glauber, ou quelques sels apéritifs.

2° Lorſque des obſtructions invétérées empêchent le paſſage des eaux, on
conſeille de prendre la veille ou des
pilules balſamiques de Sthal, ou du tartre martial dans l'eau chaude, ou dans
une infuſion de thé ou de vulnéraires,
dans une quantité proportionnée au
tempérament du malade.

3° Lorſque l'eſtomac ſe trouve embarraſſé, ſoit que les eaux aient paſſé
ou non, il faut en interrompre l'uſage
de tems en tems, pour prendre des purgatifs.

4° Si, dans le tems qu'on prend les
eaux, on étoit attaqué d'une oppreſſion
de poitrine, qu'on eût de la difficulté
à reſpirer, ou qu'on fût fatigué par la
toux, il faudroit interrompre l'uſage des
eaux juſqu'à ce qu'on fût guéri de ces
incommodités par l'uſage des tiſanes &
des ſyrops, & d'autres remèdes qu'on
a coutume de preſcrire dans ces ſortes
d'occaſions.

5° Si on reſſentoit des douleurs de
colique ou de rhumatiſme un peu violentes, il faudroit uſer de calmens &
d'autres remèdes aſſortis à ces maladies,
& ne recommencer à prendre les eaux

que lorfqu'elles feroient entiérement dif-
fipées ou confidérablement diminuées.

6° Si une perfonne du fexe éprouve
alors de trop grandes évacuations, l'u-
fage des eaux continué lui fera nuifible ; mais, fi elle étoit trop foible, l'u-
fage des eaux fera un très-bon remède
pour les rendre plus abondantes.

7° On emploie quelquefois les bouillons de vieux coqs, de vieilles perdrix
& de jus de mouton pour réparer un
corps ufé, atténué ; c'eft une erreur :
» il n'eft point en effet de fucs nour-
» riciers plus éloignés de la nature de la
» fimple nourriture, que ceux qui fe
» tirent des chairs des vieux animaux*.»

## ARTICLE VIII.

### *Ce qu'il faut faire après avoir pris les Eaux.*

Quoique les eaux aient délayé &
entraîné les mauvais levains qui font
dans le corps, il en refte néanmoins
prefque toujours quelques portions qu'il

---

* *Voyez* la Médecine théologique, partie I, page 83.

faut évacuer ; c’eſt pourquoi il eſt bon de ſe purger quelques jours après avoir fini d’en uſer, & même, ſi le médecin auquel on a confiance le juge à propos, de réitérer une ou pluſieurs fois la purgation.

Il eſt néceſſaire de continuer durant quelque tems, c’eſt-à-dire au moins durant trois ſemaines, le même régime qu’on a ſuivi en prenant les eaux, & ſur-tout de ne point faire maigre, d’éviter tout excès, & de ſe priver de l’uſage des ragoûts, des liqueurs ſpiritueuſes & du vin pur.

Comme les eaux ne font ſouvent qu’ébaucher la guériſon dans la premiere ſaiſon, il eſt preſque toujours néceſſaire d’y revenir au moins une fois dans l’intervalle, quelque long qu’il ſoit; il faut s’en tenir très-ſcrupuleuſement au régime dont j’ai parlé, & uſer des remèdes préparatoires qui ſeront preſcrits par les médecins.

Si, quelque tems après qu’on a pris les eaux, on éprouve durant quelques jours un grand flux-de-ventre fort liquide, on ne doit pas s’étonner ; c’eſt un effet des eaux qui agiſſent encore

long-tems après qu'on a cessé de les
prendre, & il faut bien se garder de
recourir à des remèdes pour l'arrêter,
c'est une marque que les eaux ont fait
un très-bon effet ; mais il faut durant
ce flux ne prendre que de la nourriture
fort légere & fort faine ; & c'est sur-
tout alors qu'il est nécessaire de n'en
point prendre qui puisse charger &
embarrasser l'estomac.

*F I N.*

*APPRO.*

## *APPROBATION.*

J'Ai lu, par ordre de Monseigneur le Chancelier, un Manuscrit intitulé : *Essai historique sur les Eaux de Luxeuil.* Je n'y ai rien trouvé qui puisse en empêcher l'impression. RAULIN.

## *PRIVILÉGE DU ROI.*

LOUIS, PAR LA GRACE DE DIEU , ROI DE FRANCE ET DE NAVARRE : A nos amés & féaux Conseillers les Gens tenans nos Cours de Parlement, Maîtres des Requêtes ordinaires de notre Hôtel, Grand-Conseil, Prévôt de Paris, Baillifs, Sénéchaux, leurs Lieutenans civils, & autres nos Justiciers qu'il appartiendra : SALUT. Notre amé le sieur FABER Nous a fait exposer qu'il desireroit faire imprimer & donner au Public un *Essai historique sur les Eaux de Luxeuil* , s'il nous plaisoit lui accorder nos Lettres de Privilége pour ce nécessaires. A CES CAUSES, voulant favorablement traiter l'Exposant, Nous lui avons permis & permettons, par ces Présentes, de faire imprimer ledit Ouvrage autant de fois que bon lui semblera, & de le vendre, faire vendre & débiter par-tout notre Royaume, pendant le tems de *six années* consécutives , à compter du jour de la date des Présentes. Faisons défenses à tous Imprimeurs, Libraires, & autres personnes, de quelque qualité & condition qu'elles soient, d'en introduire d'impression étrangere dans aucun lieu de notre obéissance ; comme aussi d'imprimer, ou faire imprimer, vendre, faire vendre, débiter ni contrefaire ledit Ouvrage, ni d'en faire aucun extrait, sous quelque prétexte

I

que ce puisse être, sans la permission expresse &
par écrit dudit Exposant, ou de ceux qui auront
droit de lui, à peine de confiscation des Exemplaires contrefaits, de trois mille livres d'amende
contre chacun des contrevenans, dont un tiers à
Nous, un tiers à l'Hôtel-Dieu de Paris, & l'autre
tiers audit Exposant, ou à celui qui aura droit de
lui, & de tous dépens, dommages & intérêts. A
la charge que ces Présentes seront enregistrées
tout au long sur le Registre de la Communauté
des Imprimeurs & Libraires de Paris, dans trois
mois de la date d'icelles; que l'impression dudit
Ouvrage sera faite dans notre Royaume, & non
ailleurs, en beau papier & beaux caracteres, conformément aux Réglemens de la Librairie, &
notamment à celui du 10 Avril 1725, à peine
de déchéance du présent Privilége; qu'avant de
l'exposer en vente, le Manuscrit, qui aura servi
de copie à l'impression dudit Ouvrage, sera remis,
dans le même état où l'approbation y aura été
donnée, ès mains de notre très-cher & féal Chevalier, Chancelier, Garde des Sceaux de France,
le sieur DE MAUPEOU, qu'il en sera ensuite
remis deux Exemplaires dans notre Bibliothèque
publique, un dans celle de notre Château du Lou-
vre, & un dans celle dudit sieur DE MAUPEOU;
le tout à peine de nullité des Présentes. Du con-
tenu desquelles vous mandons & enjoignons de
faire jouir ledit Exposant & ses ayans-cause,
pleinement & paisiblement, sans souffrir qu'il
leur soit fait aucun trouble ou empêchement. Vou-
lons que la copie des Présentes, qui sera impri-
mée tout au long au commencement ou à la fin
dudit Ouvrage, soit tenue pour dûement signifiée;
& qu'aux copies collationnées par l'un de nos
amés & féaux Conseillers-Secrétaires, foi soit
ajoutée comme à l'original. Commandons au
premier notre Huissier ou Sergent sur ce requis,
de faire, pour l'exécution d'icelles, tous actes
requis & nécessaires, sans demander autre permission, & nonobstant clameur de Haro, Charte
Normande, & Lettres à ce contraires : CAR tel

eſt notre plaiſir. DONNÉ à Paris, le "dixieme jour du mois de Juin, l'an de grace mil ſept cent ſoixante-douze, & de notre Règne le cinquante-ſeptieme. Par le Roi en ſon Conſeil.

*Signé* LE BEGUE.

*Regiſtré ſur le Regiſtre XVIII de la Chambre Royale & Syndicale des Libraires & Imprimeurs de Paris, Nᵒ 1965, fol. 664, conformément au Réglement de 1723, qui fait défenſes, art. 4, à toutes perſonnes de quelque qualité & condition qu'elles ſoient, autres que les Libraires & Imprimeurs, de vendre, débiter, faire afficher aucuns livres pour les vendre en leurs noms, ſoient qu'ils s'en diſent les auteurs ou autrement, & à la charge de fournir à la ſuſdite Chambre huit Exemplaires preſcrits par l'article 108 du même Réglement. A Paris, ce 13 Juin 1772.*

*Signé* J. HERISSANT, Syndic.

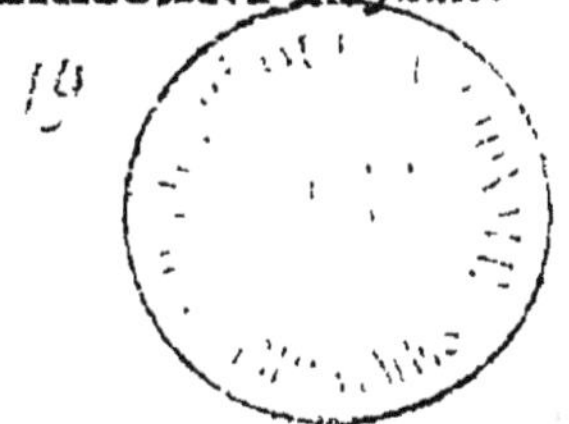

www.ingramcontent.com/pod-product-compliance
Ingram Content Group UK Ltd.
Pitfield, Milton Keynes, MK11 3LW, UK
UKHW021518090726
13657UKWH00001B/311

9 782019 254148